艺术名家与艺术系列

寻找不可代替的当代智慧：
艺术家访谈录

胡震 编著

中山大学出版社
SUN YAT-SEN UNIVERSITY PRESS
·广州·

版权所有　翻印必究

图书在版编目（CIP）数据

寻找不可代替的当代智慧：艺术家访谈录/胡震编著．—广州：中山大学出版社，2022.12

（艺术名家与艺术系列）

ISBN 978-7-306-07585-7

Ⅰ．①寻⋯　Ⅱ．①胡⋯　Ⅲ．①艺术家—访问记—中国—现代　Ⅳ．①K825.7

中国版本图书馆 CIP 数据核字（2022）第 115627 号

出 版 人：	王天琪
策划编辑：	吕肖剑
责任编辑：	周明恩
封面设计：	林绵华
责任校对：	陈晓阳
责任技编：	靳晓虹
出版发行：	中山大学出版社
电　　话：	编辑部 020-84110283，84113349，84111997，84110779，84110776
	发行部 020-84111998，84111981，84111160
地　　址：	广州市新港西路 135 号
邮　　编：	510275　传　真：020-84036565
网　　址：	http://www.zsup.com.cn　E-mail: zdcbs@mail.sysu.edu.cn
印 刷 者：	广东虎彩云印刷有限公司
规　　格：	787mm×1092mm　1/16　9.5 印张　230 千字
版次印次：	2022 年 12 月第 1 版　2022 年 12 月第 1 次印刷
定　　价：	38.00 元

如发现本书因印装质量影响阅读，请与出版社发行部联系调换

序

去年秋天,《画廊》杂志创刊40周年。53美术馆团队酝酿已久的大展在冀少峰老师的学术加持下,最终以"《画廊》40年:中国当代叙事"为主题推向社会公众。一年后的今天,欣闻由胡震老师编撰的《寻找不可代替的当代智慧——艺术家访谈录》一书即将付梓。接踵而至的两件美事都与《画廊》杂志关联,确切地说,都和新千年后《画廊》杂志重新聚焦当代艺术而改版创设的核心栏目"封面人物"有关。

不同的是,"《画廊》40年:中国当代叙事"大展中,40位参展的"封面艺术家"皆从40年出版的《画廊》杂志中选出,针对他们的个案梳理和系统性的图像展示,不仅反映出中国当代艺术的发展脉络和学术状态,也从艺术媒体人的角度为当代艺术史的书写提供了不可多得的有关艺术家和艺术事件的持续跟踪和在场记录。而胡震老师的访谈录则从另一个维度展示出《画廊》杂志当初改版时的良苦用心,即以相对成熟的西方当代艺术机制为参照,为构建具有中国特色的当代艺术系统操作搭建平台,尽力发声。访谈录中出现的20多位"封面人物"受访者,除了艺术家,也包括像艺术家一样活跃在当代艺术圈乃至整个全球艺术系统中的艺术史家、艺术批评家、策展人、画廊主、收藏家、美术馆馆长和艺术机构负责人等,正是他们的合力创造,不断修正和改变着普罗大众对当代艺术的认知和界定,进而使大众逐渐成为当代艺术的忠实拥趸,乃至积极的倡导者和参与者。

借此机会,再次感谢多年来一直支持《画廊》杂志编辑和发行工作的众多艺术圈中好友;感谢不离不弃,一直陪伴至今的广大读者;特别感谢胡震老师和何金芳、萧潇、陈颖等编辑部同仁,他们的努力付出让《画廊》杂志自始至终,心在远方,行在路上。

是为序。

李琼波
《画廊》杂志主编、53美术馆馆长
2022年8月于广州

目 录

曾梵志：喜欢创作时的一种陌生感觉 …… (1)
季大纯的绘画游戏 …… (11)
凯伦·史密斯：重要的是艺术家，是艺术家的作品 …… (17)
巫 鸿：站在美术史角度考察当代艺术 …… (23)
王璜生：云淡天高任逍遥 …… (33)
王璜生：善泳者不畏水深 …… (40)
克里斯·德尔康：美术馆＝艺术＋观众 …… (47)
比利·考维：视与听的神经延展 …… (52)
冯峰和他的《W喷泉》 …… (57)
冯 峰：没有人能走出自己的世界 …… (60)
李邦耀：波普，一种态度的表达 …… (64)
张 羽：念力·心印 …… (67)
黄 专：寻找"不可拒绝"的当代智慧 …… (71)
吕 澎：光环的背后 …… (78)
玛丽娜·阿布拉莫维奇：为理解和尊重而奋斗 …… (86)
何云昌、乔纳斯·斯坦普：我的"行为"我做主 …… (89)
蔡国强：艺术可以"乱搞" …… (94)
宋 冬：用艺术感动世界 …… (102)
曹 斐：我不是一个好的案例 …… (114)
乌利·希克：我更愿意把自己看成一个研究者 …… (123)
爱德华·温克尔曼、穆拉·奥拉佐巴科夫：动态影像画廊主的思考和选择 …… (127)
黛博拉·门罗：团结就是力量 …… (135)
张颂仁：香港艺术—内地艺术论述的补充 …… (139)

曾梵志：喜欢创作时的一种陌生感觉

曾梵志是中国当代颇具世界影响力的艺术家，也是架上绘画传统这一艺术表现形式的坚定守护者。从初登画坛崭露头角的"协和系列"、个人风格确立的"面具系列"，到迄今还在不断探索的"抽象绘画系列"，曾梵志以他持之以恒的追求，特别是其充满精神内涵同时又极具视觉张力的油画语言，为我们展现了一个当代艺术家充满智慧和创造激情的人生历程，也确立了他在当今中国画坛不可替代的重要地位。伴随着形式上的不断创新和意境上的不断提升，曾梵志在国际艺术市场的地位与日俱增，拍卖会也屡传佳音，2007年1月19日曾梵志的《远方》作为"天空系列"的力作于开拍前便受到多位买家的关注，现场从58万元起拍，一直叫价到145.2万元。据公布的2006年春夏两季（2006年1月1日至9月1日）世界各国当代艺术品拍卖结果统计，全世界一百位"卖得最好的当代艺术家"中，曾梵志以第41位的排名进入百大排行榜。艺术与市场的双重成功无疑使曾梵志在社会公众心目中平添了一道神秘的光环，一个曾经连买一台黑白电视都得犹豫再三的艺术青年，到如今功成名就的大艺术家，在这短短的十几年里，对于创作风格的转变、艺术市场的喧嚣，曾梵志究竟有何艺术和人生感悟，这自然是大家所渴望了解的。带着这些疑问，笔者一行前往北京，与曾梵志相约在其燕郊的工作室，品茗长谈。一个成功人士的背后一定有他人所不及之处，透过《画廊》杂志对曾梵志的访谈，读者一定能够从中获得不少有益的启迪。采访期间，适逢韩国现代画廊两位端庄美丽的女士远道而来，与曾梵志商谈即将在现代画廊举办展览之事，于是我们的话题也就由此打开。

"我现在对自己曾经迷恋过的东西已经不关注了，真的是不关注了！如果你关注的话，可能还是会有影子，而且你的用笔也不可能是很自信的一种状态。所以我觉得应该彻底地忘掉，用遗忘去超越这些东西。"

胡　震：3月7日在韩国现代画廊的个展准备得怎么样？
曾梵志：嗯，差不多了。

胡　震：展览的主题是什么？展出的作品是由画廊挑选的吗？
曾梵志：他们没法挑。因为有很多作品都是我从不同的地方借过来的。这次展览和我2004年在深圳何香凝美术馆做的不同，没有固定的主题，是一个带有回顾性质的展览。因为这是我第一次应现代画廊之邀在韩国办展。到了一个新的地方，别人希望对你有一个全面的了解。要是只拿出一类作品，只有一种风格特点，那别人对你的了解就不够全面。所以我从自己几个不同创作时期的作品中挑选了一些自认为比较好的放在一起展出。

胡　震：最近几年的作品在展览中的分量重吗？
曾梵志：不算很重。我只选了三四张，但作品的尺幅都很大。从中足以了解我当下的创作状态。

胡　震： 自 1991 年完成毕业创作《协和三联画》以来，您先后经历了个人艺术创作生涯中的几次转折，无论是早期的"协和系列"和"肉联系列"，还是后来的"面具系列"，以及目前还在不断尝试的"抽象绘画系列"，都以极具个性的表达为您赢得了一片好评，在当代绘画中有不可忽视的重要作用。回首这十几年来的创作历程，您对自己哪个时期的创作更加偏爱？

曾梵志： 我会为自己每一次的新发现和创造而感动。尽管我在每个时期的思想状态不一样，但对每件作品的创作都很投入，都很激动，所以也都很喜欢。如果我不激动的话，我就根本不会去画这些东西。比如"面具系列"，我画了差不多八九年。你说我要是不喜欢这东西，我会花这么长的时间去完成吗？肯定就是喜欢的。在这之前我也画了像"协和系列"和"肉联系列"这样的作品，它们记录了我当时的一种状态、一种心情。因为我当时很年轻，就是很"愤青"的那种。当时那么一种状态，就是那么一种感受。如果现在你要我画这些东西的话，我会觉得不真实。所以说，我每个时期的作品最重要的是真实，而不是表面上这个和那个的好坏比较。一位朋友收藏了我早期的一件作品，而另一位收藏家收藏的是我现在的一件作品。收藏家说，这个作品好是好，但好像没那个贵。然后我朋友就说，这你就不懂了，因为他现在画得好了，所以像以前的那些作品也都有了文献的价值，都成了艺术家最真实感觉的记录。所以我走到现在，每个时期都有不同的感受，是一步一步走到现在的，也是一件一件作品累积起来的，每跨越一步都是我个人心路历程的真实写照。

胡　震： 2002—2003 年，您在"我们系列"和"抽象绘画系列"的创作中，放弃了您所熟知的表达方式，开始进行抽象绘画语言的探索。从具象到抽象的跨越中，您所面临的问题有哪些？

曾梵志： 曾经有人问过我，他说，过去你很穷，画的画是那样的，而你现在有钱了，怎么就这样画画了呢？这个问题很奇怪，我也忘了自己当时是怎么回答的。我并不否认生活条件的改善对艺术家创作的影响，有好的，也有坏的，但这不是绝对的，关键在于怎么去对待这个问题。我对自己的作品向来都很投入。而且我一贯认为艺术是一种精神追求，它跟你有钱没钱，吃饱没吃饱，是没有绝对关系的。艺术应该反映精神层面上的问题。所以不管是什么样的表现方式，我更注重的是绘画作品中的精神性因素。此外，在画了多年的面具之后，我内心一直有一种颠覆和超越自己过去作品的渴望和冲动。经过五年时间的摸索，我认为走到现在这一步，总算是找到了自己最终想要的东西。我甚至觉得现在的作品才是完全属于自己的，像画面中的一些符号语言和用笔特点等，都还没有人这样画过。

胡　震： 先前看画册时，感觉您的作品和抽象表现主义画家的作品颇为相似，今天面对原作，又发现有些似是而非，特别是您对中国传统绘画中用笔方法的借鉴更是和抽象表现主义拉开了距离。不知您是怎样理解抽象表现主义画家作品中的西方神韵，并通过对中国传统艺术特质的有效把握，来完成您在创作中的这一次漂亮转身的？

曾梵志：我可以非常真实地告诉您，我上大学的时候就在不停地学习和揣摩波洛克、德·库宁等西方现当代艺术大师们的东西。那时眼里只有西方，中国的东西根本看都不看。可是当你彻底弄清楚以后，你又觉得这东西跟你不一定有关系。而且会觉得就是表面的一个形式，你不能完全用这种形式去表达你自己。所以我又开始从中国传统的绘画中去寻找，并由此喜欢上各种中国传统艺术，尤其是宋元时期的东西，我特别喜欢。但喜欢归喜欢，你不可能用油画来画东方的东西，这不行。于是我决定无论如何都要找到自己的东西。说句实在话，其实我现在对自己曾经迷恋过的东西已经不关注了。真的是不关注了！如果你关注的话，可能还是会有影子，而且用笔也不可能是很自信的一种状态。所以我觉得应该彻底地忘掉，用遗忘去超越这些东西。

"艺术家从三十岁到六十岁，每一个十年都是很珍贵的。如果为了挣钱去做流水线式的工作，我觉得实在是得不偿失。"

胡　震：选择改变对常人来说不是一件容易的事，对艺术家就更是如此。许多画家一生都在追求一种风格，期待得到认可，而您却在短短的十几年里，不断改变自己的表现风格、样式和语言，不断挑战自己所能达到的高度。这样的自信是出于艺术家创造的本能还是名利带来的压力呢？

曾梵志：实际上，1988年以后，我就开始画抽象画，我喜欢抽象的作品。但我同时也画很写实的东西、很唯美的东西、很古典的东西，各种形式的油画我都尝试过。因为我觉得每样东西都会有我喜欢的一个层面，但我不会把一辈子的光阴都花在这个上面。比方说，要是我一辈子去画古典画的话，会觉得没意思；但是要我纯粹画抽象画，我也觉得没意思。所以我不喜欢老是在一种东西上面停留，我喜欢每个阶段都不一样。要是让我一辈子从事古典绘画艺术的话，我觉得简直就是在浪费我的人生。我会经常去改变，而不想太多去重复。我在绘画的时候会喜欢一种很陌生的感觉，而不是胸有成竹。画的时候我可能不知道自己要画什么，但在画的过程中也许会有意外的惊喜和收获。我从来都不会为了眼前的一点利益去勉强自己。我不喜欢流水线式的工作，流水线式的工作就是不停地接受大量的订单，然后根据别人的命题创作，这种感觉是很悲哀的。因为可能现在是挣了一点钱，但作为一个艺术家，可能会因此浪费掉一生中最重要的一段时间。艺术家从三十岁到六十岁，每一个十年都是很珍贵的。如果为了挣钱去做流水线式的工作，我觉得实在是得不偿失。

胡　震：您在一些抽象作品中的尝试，特别是对中国传统笔墨元素的尝试和运用看起来很有新鲜感。

曾梵志：是的。我也觉得这样的画很有意思，但我并没有画很多，只是偶尔为之，点到即止。因为持续一种风格的话，又会变成一种模式。而我希望大家看我作品的时候都是觉得从来没看过的。就像我自己画画也是这样，不希望两张画之间有什么联系，而是会有惊喜。

胡　震： 一方面要超越传统，另一方面还要不断和自己拉开距离，这的确是一个非常大的挑战。我很好奇的是，这样会不会影响到您实际创作中的状态，让您在创作之前不得不考虑诸如"怎样才能跟过去不一样"的问题呢？

曾梵志： 我不太喜欢特别观念性的东西。我还是喜欢一种很自由的创作状态，是随心所欲的状态，而不是把自己规定在一个范围内，或是一定要改变。不是说表面上要改变，而是我画的时候是情不自禁的，我喜欢用"情不自禁"来表达这种感觉。就是我走到这儿了，我就变成了这样的一个方式，不是说我要做一个很严密的计划，我应该这一步怎样，下一步又怎样，我没有一个这样的计划。所以每个时期我画的时候，我都没想到我怎么会变成这个样子。有时候做个展也是这个问题。我所在的画廊（香格纳画廊）的老板也了解我的情况，他要做一个展览，结果等他来拿我的作品的时候发现跟他想象的完全不一样，但他每次都觉得这个更好。我也想着往某个方向去画，可是画着画着就完全改变了。从第一张画到第三十张，已经完全是另外一种面貌了。但他每次都说，这个比他想象的还要好。当然，这也许是他的一种鼓励方式吧。

"你每一个十年都不一样；每一个十年都是在和自己另外的一个十年抗争。所以说，西方的艺术家不可能有我们这样的经历。"

胡　震： 我很钦佩您在艺术上不断超越自我的勇气，也很欣赏您的那份淡定和自信。就当代艺术的发展来看，每每论及抽象艺术，都难免把西方拿来作为参照。与您同龄的西方画家相比，您认为中国当代艺术家的优势在哪里？

曾梵志： 我觉得我们的经历跟西方同一个年龄层的人相比会丰富很多。我们活四十年恨不得等于他们活四百年。因为中国每一个十年变化实在太大。你曾经耗费过十年的光阴，极力抵抗你无法接受的一切；之后你又用十年的时间拨乱反正，由过去的反抗变为今天的模仿，这就把你的过去彻底否定了。你每一个十年都不一样；每一个十年都是在和自己另外的一个十年抗争。所以说，西方的艺术家不可能有我们这样的经历。也正因为如此，他的作品会越来越空。就英、美两国艺术家的作品来看，除在技术上的暂时优势，以及凭借世界艺术中心舞台的领袖地位掌握当代艺术话语权之外，我觉得很多东西都特别没意思，很空的那种。我特别不喜欢。

胡　震： 那您喜欢的艺术家有哪些？

曾梵志： 我还是喜欢像培根、巴尔丢斯这样的艺术家，我觉得他们的作品在思想性和精神性的表达方面是后来的艺术家所无法企及的。巴尔丢斯，严格来说，他的作品非常好。但在20世纪五六十年代，他的作品却因观念艺术、装置艺术、录像艺术的出现而备受冷落。这时候的巴尔丢斯，我看他一点也不动摇，反而越画越好。到了晚年更是如入无人之境。当一波又一波喧嚣的声浪落退时，你现在重新去看他的作品，依然会感到一种心灵的震撼。我去美国时，在大都会博物馆远远地看他的画时，就已经被他的气场所震慑。每次看他的画我都很激动。无论什么时候，好的作品都会让人产生共鸣。不好的东西，它可能会流行一段时间，那个时候可能你自己也想换换口味，所以会喜欢那些东西，但五六年后就不行了。可像巴尔丢斯这样的艺术家，我80年代喜欢他的作品，现在还是那么喜欢。他的作品真的是非常好。现在的艺术家，我觉得你做得再怎么奇怪都很正常。也就是说，你可以说好，但只是特别简单的一个好，不是真正能够永恒的东西，只是短暂地填补了一个空缺。比方说，本来没有的东西，结果他弄了这样一个东西出来，但我觉得只是在外表和形式上做出的一种改变而已。

胡　震：的确，最近几年中国当代艺术的发展引起了世界上越来越多人的关注，艺术家之间的交流也越来越频繁。您在和西方艺术家、批评家，包括画廊经纪人的沟通交流中，他们对您的创作转型又有怎样的评价？

曾梵志：西方的批评家也好，画廊经纪人也好，收藏家也好，美术馆的专家也好，他们到我这儿来，我觉得他们还是很激动的。他们看到了从来没有看到过的东西。不仅觉得很好，而且还用很亲切的一种方式。他们一般都会给予很高的评价。有些评价我觉得还是很真实的。有个朋友是法国基金会的负责人，也是收藏家们的专职顾问。在我这里看了画作以后，无法用语言跟我沟通，我也不知道他到底在说什么，只是觉得他很激动。没办法，他就告诉画廊老板他看了什么作品、有些什么感受，后来老板用短信的方式传给我。他说他看到我的作品以后，觉得我是世界上生活经历最丰富的艺术家之一。他看懂了我的作品，也读懂了作品中的一切。过去他们看到我的作品，觉得好，同时觉得很正常。现在他们会更激动一些。我知道那不是假装出来的激动，是发自内心的，那种发现的喜悦让人一看就明了。

"大家最终的目的都是希望艺术家好。希望艺术家好不是希望艺术家挣更多的钱，而是希望艺术家的艺术在他的生命历程中有更好的发展和进一步的提升。"

胡　震：这几年，随着国内艺术市场的繁荣，很多艺术家都会选择与有外资背景的画廊合作，您当初选择香格纳画廊主要是出于一种什么样的考虑？

曾梵志：我当时什么也没有考虑，因为根本就没有什么选择。那时候最多只是希望自己的作品能够更多地被关注。而真正关注你的人又很少，只有两三个人。你不可能去选别人，而是别人来选你，因为艺术家太多了。只要选上你，你就有可能跟他慢慢合作，然后互相交流。那时不会想到找一个将来对自己的事业发展有利的或者是一个外国背景的画廊。你根本不可能想到这些问题。

胡　震：20世纪90年代，画廊的确很少，但现在情况发生了很大的变化。您和劳伦斯之间还会长期合作下去吗？

曾梵志：我希望和他长期合作。在我看来，画廊和艺术家之间，最重要的就是一种信任关系。而不是说我要出名，然后他要把我的名气弄成什么样。这实际上都是你主导不了的。其实一种友好的合作关系是最重要的，它能够让你很好地发挥自己，创作很好的作品，这才是至关重要的。即便画廊很会做这些东西，但你出不来好的作品也是徒劳的。

胡　震：能不能具体谈一下您跟香格纳画廊之间的合作情况？比如是它先给您提供一笔资金让您去创作，还是等您的作品销售以后再来分成？

曾梵志：一般来说，画廊不会规定你去做什么，也不会事先买断你的作品。如果你把作品交给他，他会尽力向别人推荐你的作品。我们之间从来没有试图限制对方，也从来没有签订过合同。他不会承诺我什么，我们可以随时"分手"（完全是基于对彼此的信任，彻底的信任）。对，从1998年到现在，差不多九年的时间，从一开始大家互相有一点怀疑和试探，到后来的慢慢合作，再到充分信任、共同发展，一直走到今天。想想那个时候都过来了，现在这么好的环境，你还需要什么讨价还价呢？大家最终的目的都是希望艺术家好。希望艺术家好不是希望艺术家挣更多的钱，而是希望艺术家的艺术在他的生命历程中有更好的发展和进一步的提升。比如，在我们合作初期，很多画册都是我自己出资。我可能拿8万块钱去给自己做个画册。我不会跟画廊说你们必须给我做一个画册。我自己做一个画册，然后他会觉得你自己花了不少钱，既然你都已经做了，我帮你出一半钱，大家都舒服。如果两个人互相较劲：你怎么还不给我出一本书？他出了以后可能还会跟你说，那你也出一半钱吧。这种感觉多不好。所以我从来不要求他什么。当然，也有过一些不愉快的事情，但我觉得那都是为了发展。

胡　震：据您了解，劳伦斯对其他的艺术家是不是都是这样的做法？

曾梵志：我从来没有问过他别的艺术家是怎么样的一种合作方式。就算我问，他也不会告诉我，所以我坚决不问。我觉得在中国做画廊，劳伦斯是一个奇迹。当初他来的时候，是在一个酒店的过道里挂两张画，站在那儿向路过的人宣传。偶尔有人瞥一眼，他就会热情地走过去与其攀谈。这就是劳伦斯在中国的开始，颇有些当年西方传教士来华传教的味道。当然，现在的环境已经有了很大的改变，如果还是当时的做法，仅凭感情来维系艺术家和画廊的关系，肯定是行不通的。

"从某种角度来说，这是社会对你的艺术的一种认可，除了掌声、发表文章表扬以外，还有另外一个层面的认可，就是拿出真金白银来收藏你的作品。在西方，钱是衡量一个艺术家地位高低的重要指标，这是无可否认的事实。"

胡　震：全球艺术市场权威网站 artprico 针对2006年春夏两季（从2006年1月1日到9月1日）各国当代艺术品拍卖结果进行统计，排出全世界一百位"卖得最好的当代艺术家"，您排名第41位。听到这个消息后一定很高兴吧？

曾梵志：高兴。我很真实地告诉您，的确很高兴。因为从某种角度来说，这是社会对你的艺术的一种认可，除了掌声、发表文章表扬以外，还有另外一个层面的认可，就是拿出真金白银来收藏你的作品。在西方，钱是衡量一个艺术家地位高低的重要指标，这是无可否认的事实。但这并不意味着所有好的艺术品必须拍一个很高的价格。有些优秀的艺术家，甚至都没有被人发现，因此也就谈不上什么拍卖价格了。我知道有很多这样的艺术家。但我也知道有很多艺术家的作品能拍出很高的价格，可我并不认为物有所值。所以说，艺术价值这东西现在说不清楚。我觉得应该把时间拉长来看，真正有价值的东西是经得起时间检验的。正是从这个意义上考虑，我希望收藏我作品的人应该是懂得作品价值的专业人士。比如说李嘉诚，毫无疑问他很有钱，也极有可能出手阔绰，但这不能说明你的艺术成就很高，只能说明他很有钱。我是这样看待拍卖的。

胡　震： 去年北京保利秋季拍卖会推出的当代艺术作品专场拍卖中，刘小东的油画作品《三峡新移民》以 2200 万元的成交价格创出中国当代艺术作品拍卖的最高价，显示出当代艺术作品在市场中的强劲走势。但总体来说，与西方艺术家之间还是存在着较大的差距，您是如何看待这个问题的？

曾梵志： 西方好的艺术家跟中国好的艺术家相比，两者作品之间的价格差距很大，这是不争的事实。但我们应该看到，他们也是经过多年的努力，通过各种学术活动和展览宣传，一步一步最终达到一个高位的。与此同时，西方也有不少从事艺术活动很多年、作品也非常好的艺术家，其作品的价格还不一定有中国艺术家那么高。中国这两年，当代艺术作品的价格提升很快。一方面，由于过去的价格太低，你必须提升到一个高度，才能引起别人的关注。另一方面，我觉得也是一件好事。因为我们过去做展览的时候，没有人看你的展览，你请谁谁都不愿意过来，能来的只是几个圈中好友。现在做一个展览，前来捧场的人很多，因为大家知道，墙上的画值几百万，人们都会去看这几百万的作品，然后再去提问题：为什么它值几百万？无论如何，这都是一件好事，因为有人关注这个行业。久而久之，专业的人也就会越来越多。

"想成为艺术的中心，不是你有三百家画廊，而是中国应该有特别好的当代艺术博物馆，在全世界能够立得住的好的博物馆。而且还要有一批好的收藏家，愿意把他们的收藏捐赠给博物馆，那么这些博物馆才会有强大的后盾。"

胡　震： 当代艺术这两年发展得十分迅猛，当代艺术市场也相当火爆。由此出现了不少经营当代艺术作品的画廊。您认为这是一时的现象还是会持续相当长一段时间？

曾梵志： 估计再过五六个月差不多就不行了吧，我觉得不会超过一年。中国画廊的增长太快了！即便是世界最发达的国家也没有这么多的画廊。中国一下子就是几百家，哪有那么多的好画，那么多好的艺术家啊。我觉得这个就是所谓的百分之百的投机。很多人过去不画画，突然决定画画了。我对这种做法是不认可的。过去我们画画，是真的没想过这个东西能够挣钱。现在这样功利性太强了！有一个开画廊的人说，他相信，三五年以后，中国的北京将会成为世界艺术中心。我认为这需要些时间。我告诉他，想成为艺术的中心，不是你有三百家画廊，而是中国应该有特别好的当代艺术博物馆，在全世界能够立得住的好的博物馆。而且还要有一批好的收藏家，愿意把他们的收藏捐赠给博物馆，那么这些博物馆才会有强大的后盾。一流的艺术家，一流的作品，还有一流的收藏家，这些都是需要几代人的努力才能完成的事业，必须有几代人的财富积累才行。所以我觉得还是要慢慢来，成为世界艺术中心绝非一日之功，不能一蹴而就。

胡　震： 这次在韩国现代画廊展出的作品会不会售卖？

曾梵志：会有几件作品出售。

胡　震：价格会跟香格纳画廊一样吗？
曾梵志：都是统一的价格。在美国，在北京，无论在哪里，价格都是统一的。这样别人才不会觉得你做事情很乱。

胡　震：您在国外有没有类似香格纳的签约画廊？
曾梵志：现在有几家正在谈。有欧洲的，也有美国的，他们都表现出很大的兴趣。但是到目前为止，我一家都没有答应。以前我都没有着急过，到现在就更不用着急了。我想慢慢来。近期主要计划在一些好的美术馆做几个非商业性的展览。因为这几年我也花了很多钱购买自己过去的作品，差不多有五六十件，每个时期的都有，包括早期的"协和系列"这样的重要作品。迄今为止，我想可能还没有哪个艺术家的自藏作品有我那么多。

胡　震：您这样不惜代价地回收自己的作品，有什么特别的计划吗？
曾梵志：主要还是为了展览交流的方便。

胡　震：在国内，常常听到某某艺术家参加各种国际大展的宣传报道，似乎给人以中国艺术家在国际上很受关注的印象。根据您的亲身经历，您认为这是个什么状况？
曾梵志：国内有些特别优秀的艺术家在国际上还是享有一定地位的，但也有很多艺术家的地位是虚假的。过去有很多艺术家参加国际大展，有的并不是真正因为你的艺术作品，而是从意识形态的角度来关注你；有的只是作为展览的调味剂来看待。现在的中国艺术家比过去更加成熟，他可以表达自己并因此而得到尊重。不是别人想看什么，你就去做什么。当然，这并不是说现在的艺术家就已经了不起了。总体来说，还是刚刚开始受人关注。现在关注你的是最重要的美术馆或最重要的收藏家，而不是某个城市里的有钱人随便就可以把中国最优秀的艺术家请到他家坐着陪客。这种感觉是不对的。你不要激动地说，我到了全世界最有钱的人家里，他们特别欣赏我的作品。这并不值得炫耀。只有美术馆、博物馆的邀请才值得你骄傲和自豪。我觉得过去和现在的差别就在这里，现在才真的是在艺术上开始被人关注。

胡　震：现在您的作品给美术馆收藏的多不多？
曾梵志：很少，非常少。

胡　震：都在自己手上？
曾梵志：前几年我还挺着急的。我认为我的水平已经很高了，美术馆为什么还不收藏我的作品？我特别希望作品能被美术馆收藏。后来慢慢地，我也想通了。所以我宁愿自己的作品藏在真正喜欢它的收藏家手上。

"一个艺术家,如果得不到这样的交流,你脑子里的很多东西可能没法挖掘出来,你的十年、二十年也可能就此给耽误了。"

胡　震：大学毕业后,您有没有在学校或者是哪个单位任职？

曾梵志：大学毕业后,我进了一家广告公司,半年后就离开了。然后一直是自由职业的状态。

胡　震：您是不是比较喜欢这种自由自在的生活？

曾梵志：是的,没人找你开会,没人向你传达文件,通知你应该做什么、不应该做什么,一切日程安排都由自己决定。

胡　震：潜意识里是不是总有一种抗拒？

曾梵志：刚到北京的时候,想进一所大学,但是很难。即便托人找关系也不行。当然,我还是挺喜欢教书的,虽然我没有教过。我想把我十年、二十年、三十年、四十年,这辈子积累的东西,真正感受到的东西,六十岁的时候再去教给学生,应该不会误人子弟。

胡　震：刚来北京的时候,生活上一定会有很多的困难吧？

曾梵志：开始的时候的确非常困难。当时想买一台黑白电视机,还要和老婆反复讨论才能下定决心。我喜欢吃比萨,老婆就规定一个月只能吃一次。我说,这个月吃两次,把下个月的也吃了,行不行？

胡　震：有没有想过打退堂鼓？

曾梵志：没有。离开武汉时,母亲给了我一百多斤粮票。她说,你去吧,有这个,你不会饿死,其他的,你自己安排。

胡　震：从武汉到北京,环境的改变对您创作影响最大的是什么？

曾梵志：主要还是艺术家之间的交流。一个艺术家,如果得不到这样的交流,你脑子里的很多东西可能没法挖掘出来,你的十年、二十年也可能就此给耽误了。我觉得交流很重要,北京当时这种氛围也很好。

胡　震：现在这样的氛围还有吗？

曾梵志：现在这种交流也不少,相比之下,交流的层面更国际化一些。或者说跟高手过招的机会更多。一些基本的粗浅的想法会在这样的交流中得以深化。过去你已经探讨过的问题你就不会再去重复跟人探讨了,因为在这个过程中你已经知道了一些事情,你可能会讨论一个你从来不知道的事情。我接触过很多人,有做电影的,做音乐的,做金融的。我也喜欢跟别人讨论关于钱的问题,投资的问题。这些问题以前我从来没有经历过。我觉得中国现在就处在一个发展和学习的阶段,你要了解很多事情。当然,也不是说在这个方面你要做什么，只是说你知道有这么一件事情。

胡　震：现在这么舒适的生活会不会使创作的激情有所减弱？

曾梵志：其实这个问题很多人都会问。我觉得这跟创作真的完全没关系。因为在欧洲，一些艺术家的生活也是非常好。不是说生活好了，你就腐败堕落。生活好了，实际上让你知道了更多的东西。

季大纯的绘画游戏

据相关数据统计，当代青年艺术家季大纯在2007春拍会上，以9789971元的总成交额和187万元的最高单价迅速上位，成为该时期国内艺术市场上最受欢迎的艺术家之一。季大纯的成功看似偶然，实则必然。表面看来，季大纯的绘画有悖常理，与传统的绘画美学格格不入，但在这种被人误解为"反常"作品的背后，是艺术家对绘画这种游戏的真诚爱恋，以及对绘画本质问题的一贯追求。在装置、行为、观念大行其道的当代艺术界，季大纯的"另类"选择无疑更加耐人寻味，也更具启示意义。

当笔者不远千里来到北京采访他时，他刚刚结束十几天的欧洲之行。他人虽在京城家中，但记忆和思绪仿佛还停留在遥远的欧洲大陆，沉浸在世界艺术大展（第12届卡塞尔文献展、第52届威尼斯双年展和巴塞尔艺术博览会）所带来的兴奋和思考之中。

"我对绘画语言的理解其实挺个人的，我觉得最简单的就是拿一支笔沾上颜色在布上画，这也可以说是绘画游戏规则。你用其他工具也行，但是我就感觉跟这个游戏规则有点不一样了。"

胡　震：这次欧洲之行，您看了不少世界当代最好的艺术家的作品，感受最深的是什么？

季大纯：备受打击！人家画得太好了！回来后，自己真的觉得有点不敢画了。昨天试了一下，好像怎么画都是错的！

胡　震：以前是否也有这种感觉？

季大纯：其实这种感觉一直都有，只是没有这么明显。以前我画画，画得好与不好都有自己的一个判断。当然，不好的时候多，但很少像现在这样怎么画都觉得是错的，这好像很危险。

胡　震：上次去美国似乎感觉还不错。

季大纯：上次去纽约之前我也担心——别看了之后回来吓得不敢画画了。那次好像还行，回来之后我的感觉是，美国艺术家的画里有种特别勇敢的东西，这是我自己没有的。跟美国画家相比，欧洲艺术家画得特别好！他们整个就在文化的传统里面，西方绘画历史上特别好的东西，一层一层地、慢慢地，你都能看见，还是挺让人激动的。我喜欢绘画语言较明显的东西好多年了。过去总以为像我这样的人很少，其实在欧洲还是比较多的，只是原来没有机会看到这么多画得特别好的人，这次看了确实吓了一跳。其中有很多是我们耳熟能详的艺术家，但面对原作的时候，感觉还是不一样。就是说能亲眼看见这么多好东西的时候，觉得冲击力还是很大的。

胡　震：一开始有些不知所措，但慢慢咀嚼后对自己喜欢和选择的东西会更有信心。

季大纯：对，第一次去欧洲的时候看到的东西有限，觉得整个欧洲已有疲惫的状态。这次在巴塞尔、威尼斯和卡塞尔，看到很多特别好的画，又都是在绘画语言这个范畴，一下子便能感受到欧洲文化传统精髓的纯正和深厚，自己原本打算放弃的东西又被挑动起来。老实说，艺术家要想在绘画语言上弄点东西出来还真不容易！

胡　震：一般来说，我们习惯以"绘画性"来概括地描述艺术，而不是用其他如"雕塑性""影像性"这样的字眼，显而易见的原因之一，应该是绘画首先属于人最"本能"的艺术表达途径。其次，绘画史的漫长和其在艺术方法上的积淀，以及所能挖掘的视觉艺术上的深度基本都超过了其他媒介。或者说，其他媒介的造型艺术形式均与绘画有美学上的"血缘关系"，或者与绘画是相互依存、彼此共生的关系，尽管它们有的采取了与绘画截然不同的表述方式。您的作品常被人认为具有极强的绘画性，对此您怎么理解？

季大纯：其实这个东西，我的理解也挺狭窄的。我觉得画画要做的事情就是拿一支笔沾上颜色在布上画，之后不管出现什么情况都是从这样简单的地方开始的。这是绘画的游戏规则。你用其他工具也行，但是我就感觉跟这个游戏规则有点不一样了。当然，你拿画笔在布上画的时候，所有的结果是我们会看到不同时代和不同的画家。其实，这就是画画有意思的地方。结果越是特别就越有意思，甚至没有好坏，我们无法通过已经积累的经验去判断。这时，一张画也行，雕塑、影像有了实验性，如果只指画画来说，就是比较理想的。

胡　震：在当代艺术语境中，特别是装置、观念、影像等大行其道的今天，您这么执着于纯绘画的笔触表现，是否担心自己的判断不被人认同和接受？

季大纯：我觉得这和每个人的兴趣有关，绘画、装置、观念或影像，各自都有其非常丰富的吸引人的地方。就我个人而言，我还是喜欢画画，画自己的画，也看别人的画，这是我最喜欢的。这么多年来，我发现其实这也是最适合自己的一种选择。尽管还有很多事情是我没有发现，或者是我做不出来的，这其实是一个能力问题。当然，我也有一些其他方面的想法，但是还是能力问题，就是我跟别人打交道的这个能力，我觉得特别差，可能想得到，却不一定做得出来，所以我最后还是通过平面的东西来实现自己的一些想法。毫无疑问，空间上的那些东西肯定会受到一点损失，但这关系不大。我也担心过自己的判断不被人认同和接受，就是有点顾不上。

胡　震：从西方现当代艺术的发展来看，艺术家总是在不断尝试、变革，甚至是在颠覆中探索艺术的发展空间，从观念和材料等各方面来拓展艺术的可能性。

季大纯：您说得没错。我感觉西方艺术家在面对问题时，总会创造或发明一种新的方法去应对或解决，这是值得我们敬佩的地方。我们可能就习惯拿一种工具做很多事情，比如做个板凳或造张床等，都是拿这个东西。这可能也和自己的性格有关，既然现在就是这么一个状态,我还是愿意这么走下去,自己觉得可以的时候或者心情比较饱满的时候再来做些别的事情。我不会刻意去做什么。在一幅画中把自己要说的说完,对我来说这已足够。我自己平时看画的经验也是这样,别人的东西给我留有余地时,随着年龄的增长,我会把自己的经验或其他东西全部加上去,使这幅作品更具魅力。

胡 震:在您的艺术观念形成的过程中,给您影响较大的艺术家有哪些?

季大纯:可能是我运气比较好,学习油画一开始就遇到了很好的老师,他特别强调油画语言的感悟。老师教给我的东西现在想来都觉得特别珍贵。有了这些基础,我在看别的东西时,比较容易形成一个自己的角度,进而会迷恋所有跟语言有关的东西。虽然它并不时尚前卫,但面对它的时候还是会很激动。随着时间的推移,你会碰到这样或那样的艺术家,你很容易被他们画里特别好的东西打动,也很愿意去向他们学习。比如约翰斯,他是利用了画面中的缺点来构成他的画面,其实就是线与线之间的空间关系。又比如通布利,这里不是指通布利后来成熟时期的东西。我感觉通布利开始形成他那种铅笔在布上乱画的风格的时候,他其实是跟劳申柏学习过的,因为劳申柏做过一些事,就是拿铅笔拓,拓出一些形象,有的清楚,有的模糊。所以我有这种感觉,即利用画面上的缺点来形成画面也是件挺有意思的事。

胡 震:您好像很早就开始喜欢通布利的作品。

季大纯:没错。记得那个时候要买一本通布利的画册都难。那会儿有个朋友是留学生,说他有一本通布利的画册,我就只能猜画册里会有些什么,现在就好很多了,喜欢的艺术家的画册没有那么难弄到了。那会儿有个日本人,他的画廊卖通布利的画,他就有通布利的画册,而且那个老板也觉得我的东西跟通布利有很多相似的地方,就很喜欢,找上门来。也是很偶然的,我问他喜不喜欢通布利,他说特别喜欢,然后他就给我一本画册,真的是通布利的。我想要这本画册又担心他把画册拿走,我怕自己表达不清楚,所以飞快地在那本画册上写上自己的名字,这样画册就是我的了,他再也拿不走了。

胡 震:我第一次看您的作品时,还以为您是画国画的。中国传统绘画也特别强调笔墨的锤炼,您有这方面的童子功吗?

季大纯:童子功谈不上,但我们家里有人会画一点国画,所以我最初接触的画画材料就是毛笔、宣纸这些东西。后来还是觉得油画这东西好,所以很容易就被诱惑了,改画油画了。

胡 震:确切地说,您的国画功底有多深?

季大纯:也说不好。只是做过一些特别呆板的工作。也许是跟自己较劲吧,喜欢临摹一些特别复杂的,非常吃力。

胡 震:是山水、花鸟还是人物?

季大纯：主要是白描人物。家里人告诉我说谁谁谁画得特别好的,就是下过这种工夫。

胡　震：现在还记得临的是哪些作品吗？
季大纯：你想吧,20世纪70年代能买到的印刷品,以前家里留下来的,还有一本故宫出的大本的东西,连小人书都临过。每天临一点,那些人物的衣袖画得跟铁丝儿似的,临的时候很烦,也画不好。过了好长时间才发现再下手反而没有习气了。

胡　震：会用铅笔先勾一下吗？
季大纯：那是降低要求嘛（笑）,要求是必须用羊毫笔。

胡　震：这样的训练维持了多久？
季大纯：被折磨到画油画之前吧。具体时间我也说不清楚,反正这事儿有几年,临的那些东西好像都还在。

胡　震：现在回想起来,儿时的付出,最大的收获是什么？
季大纯：我觉得现在画线、画什么东西的时候,习气少,不会一下子就飘起来。再就是逆反心理没有了。

胡　震：有评者说,您的绘画是"中国传统和西方现代主义调成的一杯具有讽刺意味、间或带有幽默色彩的鸡尾酒",中国传统元素的运用应该与您对中国传统绘画的整体认识和把握有关。
季大纯：我的感觉是,自己就是一个中国人,这是不可改变的事实,作品中出现这种情绪或元素是特别正常的。毕竟你生长在这样的环境里,加上你在学习和生活中耳濡目染,会下意识地亲近某些东西、疏远另外一些东西。对我来说,这是一个很自然的、水到渠成的过程。

胡　震：有一点我不理解,许多人之所以喜欢油画,是因为与传统中国画相比,油画在某些方面更具优势,比如,宏大的叙事、丰富的色彩、饱满的构图等。您的作品却反其道而行,无论是题材的选择还是色彩的铺排,与传统的中国文人画有异曲同工之妙,特别是画面中大片的留白处理,您当初选择这样画主要是出于什么样的考虑？
季大纯：省钱。

胡　震：真的？
季大纯：是因为钱不够还想画画,所以才这么干的。从学校出来多少年都没有收入,吃饭、租房,还要天天和画面较劲,画面上该有的东西不能少,不该有的一点儿也不能有,不这么弄怎么弄？

胡　震：您的解释使我想到中国传统戏曲艺人，他们搭班唱戏，游走江湖，因为贫穷，购置不起华美的舞台服装和布景，所以因陋就简，以程式化的服装和一桌二椅式的简单布置，创造性地发明了古典戏曲舞台上自由的时空运用和虚拟表现，形成有别于西方古典戏剧的审美特征。贫穷似乎是一个诱因，但具体操作起来还是相当劳心劳神的吧？

季大纯：以我个人的经验来看，很多画得很复杂、很满的东西都是不必要的。

胡　震：您觉得是在画蛇添足？

季大纯：对，我觉得在一幅画面中把我自己要说的东西说完了，对我来说就够了。其实，你在画面上能画出多少东西呢？也就这么多。就是说，我觉得这个值得去画，值得给人看，其他地方就留着，空白的那部分可以给看的人一个余地。我自己看别人的画也是这样，别人的东西给我留余地的时候，随着年龄的增长，我会把我自己的经验或者是其他的看到的东西全部加上去，使这幅画更加有魅力。

胡　震：1993 年，您从中央美术学院毕业，那时是个什么创作状态？

季大纯：找不到工作，只好住在家里，然后就开始画画。跟在美院读书时差不多，只是生活没有保障，养活自己都是个挺大的问题。但还是喜欢画画，反正磕磕绊绊也就这么过来了。

胡　震：有没有加入什么画派或社团，或去像圆明园、艺术村这样的地方碰碰运气，至少获取一点信息，找点灵感也不错。

季大纯：我不太喜欢扎堆儿，可能别人不扎我吧，一直就是一个人，人多的地方我容易感到孤单。

胡　震：也没有特别想要赶的时髦？

季大纯：赶不起来，比较迟钝（笑）。

胡　震：您过谦了。应该说您一直都很专注。不过话说回来，就绘画题材选择上，您似乎特别大胆也特别富有想象力。很难相信诸如手纸、小便器、蘑菇菌甚至是堆积的一摊粪便这些在一般艺术家和批评家眼中很难入画的东西竟那么自然地出现在您的作品中，而且还能给人以回味，这是为什么？

季大纯：我觉得其实不管什么题材都只是一个借口，你画的其实是另外一个东西。有时候，你性格里面也有那种不好不坏的东西，你往好的地方说，就会出现一种题材，你往坏的地方看，就会是另一种题材。这种东西不可能一成不变，但是我觉得我心里的东西还就是一个，但这个东西我说不清楚，只能一张一张地把它画出来。

胡　震：也许就像一位评者所说，您尊重的大概是自己的绘画本身吧。无论如何，在决定画什么题材之前，您是否会有计划有目的地做些准备？

季大纯：完全没有。我就是靠临时的感觉。我觉得自己还处于挺业余的状态。如果是一个职业画家的样子，应该有些狼狈。好像专业状态有个定额定量，要画十张二十张，是有心理准备的。我认为要是这样的话，自己内心的东西可能就表达不清了。我愿意自己是业余的，也就是说，碰到什么，就很准确地把这个东西自然而然地弄出来，这对我来讲可能更合适。比如这幅《欧米茄》，一根香蕉画得跟蛇似的，也不知道怎么会突然这么想这事儿，当时想的时候就挺兴奋，就特别想把它画出来。于是就拿一根香蕉写生，香蕉很快就烂了，画的前面还是黄的，挺新鲜的，画到后面已经是干了，好多黑点。当然，这种状态有时会把自己弄得很狼狈，比如说我九月份、十月份都有个展，我现在还不知道画什么（笑）。

胡　震：如果是为了参加这样或那样的展览去赶时间，这的确是个比较大的问题。但纯粹从艺术创作角度来说，自然是有感而发、随性而为的好。是不是为了创作的方便，所以把画室都安在家里？

季大纯：我在家里习惯了，什么时候有点感觉，摆个画板就可以想办法弄出来。如果画室在通县，或者在酒厂，有再好的感受，等你跑到画室，那点感觉早就不新鲜了。我有过一段这样画画和睡觉不在一起的时间，好些想法都在高碑店的出口处忘了。

胡　震：一直以来，您的作品都不为人所理解，最近几年才逐渐被人接纳并受到重视，这是否意味着您在今后很长一段时间里依然会坚持自己已经形成的风格语言？

季大纯：至少近几年不会有什么大的改变。这么多年来，不喜欢我的画的人还是挺多的，但我愿意这么坚持着，就是因为想要画自己特别喜欢、跟自己本性很贴近的东西，这个对我来讲比较重要。另外，如果老画一种题材的话，容易疲劳，会勉强，所以我是一个业余画画的人，不可能一直是一样的东西，你今天会这么想，你明天可能会那么想。真实的事情，都可以说出来。

胡　震：您所说的"真实"，是指客观上的真实，还是另有所指？以《杜尚牌》这部作品为例，您笔下的小便池和杜尚的小便池有何区别？如果说杜尚的作品是对传统艺术的挑战和颠覆的话，那么您在画布平面上重复这一物品形象的意义何在？

季大纯：这个跟杜尚的那个东西是不一样的。我可能是真的对这个题材感兴趣，但是，有一个画画的游戏规则在起作用，这两个东西要结合得好，才能使一张画面成形。我其实也有对很多东西感兴趣的时候，但是当这个东西不能用画的游戏规则来衡量时，可能会暂时放弃，等你哪天真正对这个东西有感觉的时候，才能画出来。后来的事情需要判断：这个东西到底画出来后好不好，或者好到什么程度，需要画画的人自己把关。

凯伦·史密斯：重要的是艺术家，是艺术家的作品

> 凯伦·史密斯，英国独立艺术评论家、策展人。主要研究领域为1979年以后的中国当代艺术。通过写作、讲演和策展等活动，凯伦逐步建立起个人在中国当代艺术圈中的重要地位。作为一个具有西方文化背景的策展人，凯伦为中国当代艺术所做的一切，特别是她做事的方式"保证了中国艺术界能够拥有自己的发言权，并避免了西方世界对中国当代艺术的歪曲解释"。

胡　震：自1992年至今，您在北京生活已长达十七年之久。在此期间，您一直关注中国当代艺术的发展，并通过写作、讲演和策展等活动，逐步建立起自己在中国当代艺术圈中的重要地位。与众多各具特点的国内外同行相比，您有东、西两种文化背景做支撑，作为策展人，您的优势主要体现在哪些方面？

凯伦·史密斯：刚到中国时，我没有特别想当策展人，只是很想了解中国当代艺术的发展，了解它的丰富度，了解不同的艺术家。我自己读大学时学的是绘画，艺术史是后来学的，所以我不是从一个很迷信哲学的角度来看艺术，而是从真正做艺术的角度去理解艺术家的不同想法和不同思路。艺术家他怎么去做艺术，他怎么面对艺术，他怎么理解艺术，我是对这些感兴趣。我觉得做艺术非常不易，太不容易了！所以我希望通过我策划的展览，能够为艺术家提供有趣的展示作品的机会，让作品呈现的环境和方式与艺术家的创作意图保持一致。这就是我喜欢做策划的原因。当然，您也可以说这是我的一个特点。事实上，我没有特别多的理论，在做展览的过程中往往也没有一个明确的主题，很多时候是在做的过程中才发现的。

胡　震：说说您做过的展览吧。1998年和1999年，您先后策划了在英国举办的 Representing the People（代表人民）、在ICA（Institute of Confemporary Art，当代艺术研究院）举办的 Revolutionary Capitals（北京—伦敦：创意之都），以及2004年策划了在德国举办的 The Chinese（中国人：中国当代摄影和影像艺术）等重要展览。面对西方观众，您在选择艺术家和作品时会考虑哪些问题？西方观众，特别是当代艺术圈对展览的反应如何？

凯伦·史密斯：我策划的第一个展览是"代表人民"。那是1998年，我当时已在中国生活了四五年，已经开始接触一些外国美术馆来的人，他们不是很了解中国的文化，很多对中国感兴趣的人也不一定都有中国背景。在与他们交往中，我发现，因为语言的障碍，外国人在判断中国艺术家的作品时有难度，他们没法完全掌握艺术家的思路，所以由此作为切入点做些事情是很有意思的。对我而言，做"代表人民"这个展览是个不错的机会，它能让英国人了解中国。记得那个时候我回国，在英国人的印象中，好像每个中国人都是一模一样的：穿一样的衣服，留一样的发型，过一样的生活。其实，中

国并不是他们想象的那样。因为到1998年时，中国的改革开放已近二十年，城里人开始慢慢富裕起来，城市与农村，还有人与人之间的关系随着社会阶层的变动而产生了新的变化。王劲松在他的巨幅作品《当代群众》中画了很多人，试图揭示出复杂的人际关系问题。我觉得他画得特别丰富。又比如宋永平，那时候他在太原，还没有搬到北京，他画的那种怪怪的构图和人的状态，都是他观察到的人的心理问题。马堡中是在城市里长大的，他特别喜欢那种带有恐怖主义色彩的东西。刘小东我们都知道，他关注北京，北京的文化挺幽默的。我一直觉得有意思的是，外国人很难理解中国人的幽默，因为语言是挺大的一个障碍。刘仁涛和宋永平的状态有点接近，但他们完全是两代人。那时候我去过几次沈阳，那是一座典型的中国北方城市，有很多大工厂。随着改革开放的逐步深入，很多工人下岗了。在英国，我们有过一些大煤矿，一个城市，所有的男人，从爷爷到父亲再到儿子，都在煤矿工作，一旦工厂倒闭，整个社会都面临着失业求生这个问题，所以我觉得英国人能特别理解这个问题。黄汉成来自武汉，他所关注的问题是，改革开放以来，很多外国的品牌进入中国，并由此改变了中国人的某些观念和习惯。郭伟关心的是中国城市家庭中独生子女的问题；段建伟则是表现特别朴实的农村生活。此外，还有很多小问题，英国人看到这些作品，阅读起来也没有障碍，我觉得这一点特别重要。陈文波关心的是人类面临的新问题——克隆问题，以及人的审美等。第一次做展览策划，就是想表达对艺术的一个比较直接的感受。这是一个目的和主题相对较为明确的展览，所以我在想，在一个没有语言、没有文字的情况下，我们怎样才能让观众与艺术家有一个比较直接的交流。

1999年在伦敦的ICA做第二个展览活动，那是我和吴美纯一起策划的。当时，邱志杰已经策划了"后感性"展。艺术家们自己举办展览，他们会根据一些想法，自己找到一个空间，展览开幕的前一天，全部都到那个空间去工作，第二天为开幕式，然后第三天展览就撤了。我们把这个气氛带到了ICA，我们选择一些录像作品和图片，全部装在随身携带的行李里。在伦敦，我们做了一个星期的活动，包括电影、录像和音乐。除了艺术家，我们带过去的还有电影导演和乐队。展览的活动很多，也很丰富。在此之前，赫斯特和其他英国艺术家都已经在一些非营利空间举行了自己的展览，所以英国人比较习惯去看，参观我们展览的人特别多。这样的活动让我非常有兴趣和艺术家们合作。之后便有了2004年在德国策划的"中国人：中国当代摄影和影像艺术"展览。

胡　震：2007年与西蒙·格罗姆（Simon Groom）共同策划的 *The Real Thing* 是个什么样的展览？选择在泰特利物浦美术馆（Tate Liverpool）展出的意义何在？

凯伦·史密斯：泰特利物浦美术馆的这个展览，之前并没有想好题目，这个是后来决定的。展览是在2007年，但实际上我们2005年就已经开始筹备了。那时候刚好当代艺术市场的拍卖也火爆起来了，西方有些媒体也开始批评中国艺术。但是媒体所说的只是中国当代艺术的一个部分，不是所有。那么，我们能不能让人了解到更大的一个范围呢？另外，到目前为止，很多策展人都喜欢做绘画类展览，也许是这类作品的观众会比较多，或者是艺术家作品中的语言符号比较容易阅读的缘故吧。我们在想能不能从另外一个角度来看，我们虽然没有主题，但是泰特利物浦美术馆比较明确地告诉我，就是要做一个与其他展览不一样的展览。

那时候，西蒙·格罗姆是泰特利物浦美术馆的展览负责人。他用了将近五年时间才说服美术馆的主要负责人，在泰特利物浦美术馆举办一次中国艺术家作品展。展览的重要意义在于消弭抵抗——改变态度。

这个展览之所以重要，有一部分原因是由泰特利物浦美术馆举办展览这个事实。众所周知，泰特利物浦美术馆是欧洲最重要的当代艺术博物馆之一，它对任何在这里展出的作品都是一种肯定，具有非常积极的影响。事实上，人们会因为是泰特利物浦美术馆举办的展览而更加乐意前往参观。

至于展览的形式，以及我们选择什么类型的作品等问题，西蒙很想通过展览反映中国艺术中更具实验性的创作态度，针对当时在国外更为人熟知的中国艺术图像符号提出不同的看法，表达不同的立场。

胡　震：有媒体报道说，作为一个具有西方文化背景的策展人，您为中国当代艺术所做的一切，特别是您做事的方式"保证了中国艺术界能够拥有自己的发言权，并避免了西方世界对中国当代艺术的歪曲解释"。其实，从历史的角度来看，西方传教士将油画带入中国时也曾遭遇到来自东方的强烈反抗，比如中国清代有位名叫邹一桂的画家就认为："西洋人善勾股法，……画宫室于墙壁，令人几欲走进。学者能参用一二，亦具醒法。但笔法全无，虽工亦匠，故不入画品。"几个世纪后的今天，尽管当代艺术的语境已发生了巨大的变化，中西之间的交流在增加，但问题依然未能消解。我想知道的是，您在把中国的当代艺术介绍给西方的过程中遇到了哪些问题？西方是怎样看待中国当代艺术的？中国的艺术家又是如何看待西方的？

凯伦·史密斯：我觉得首先从西方看中国的视角，有一个非常大的矛盾，这个大的矛盾现在看可能是不一样的。比如20世纪90年代，对中国感兴趣的人，像牛津当代艺术馆的大卫·艾黎特，他是很特殊的，1993年，在他策划的展览中，所选择的艺术家包括黄永砯、王鲁炎和顾德新等，他们的作品在今天看来，还是很前卫的。但是在90年代，更多的展览围绕的是绘画，所以他们看到的，包括我们今天看到王广义的画还是很有感觉，我觉得他的视觉效果特别强。这个对90年代做展览的外国美术馆来讲是没错的。问题是，他们在选择这些作品的时候把它变成了中国当代艺术的一个标准，所以这个可能就使后来的这些年轻一代产生误解：只有用这样的符号，你才能成功。在这里面，西方一开始强调中国的符号，矛盾就开始了。因为一方面他需要这些东西，但是这个变成标准的时候，媒体和评论家开始批评这些符号。所以这个就开始起冲突了。到现在，这个市场出来也是同一个问题，例如收藏家，他们跟90年代的策展人是一模一样的状态。他们认为只有一个风格是代表中国当代艺术的，我觉得这完全是西方人给自己找的一个冲突。但是说到中国在谈外国的艺术，哪怕是80年代的那一代艺术家，哪怕是在90年代，一开始要做一个当代艺术家，你想怎么做。因为一开始没有美术馆，你到哪里去看当代艺术呢？只能通过图书、杂志。所以我觉得那个时候好像只有西方有当代艺术。那个时候我记得毛泽东好像说过一句话，西方有，中国也会有。我觉得80年代中国对外开放之后，很多艺术家都觉得应该参与这件事情，特别想为中国做一些有价值的当代艺术，所以会从西方去借鉴一些方法。王广义就是一个例子，同时他也在利用中国的文化背景来做当代艺术。今天我们会认为有的年轻艺术家拿太多西方的东西放在他们的作品里面，如果再过二十年回过头看会发现，这就是一个学习的过程，会比现在批评中国当代艺术的人想象的要丰富得多。

如果我们回头看 90 年代那些展览有一个明显的反常态意识。举个例子，在 1993 年，王鹏有个个展，在北京当代美术馆，他展览的前一晚请一些工人把门给封死了，观众到了发现根本进不去。美术馆不让进，这是当时美术馆的人认为不好的一件事情，但是我觉得这个作品做得很精彩。以前冯梦波和张波也想做展览，也是在同一个地方。冯梦波是一个实验性质的作品，其实我们现在回过头来看这个作品——他造纸，然后利用纸来做作品——觉得好看、有意思。但是因为那个时候他的方式方法不是很普遍，作品不是绘画，所以人们很陌生，这个展览也不让开。当时有这样一些例子，那时候是在一个大的社会背景下，我觉得我们都能理解，但是我觉得在最近这几年，如果我们说到有一些展览不让开，那么是为什么呢？比如说在 798 艺术区，应该有一些，比如说中国艺术市场特别活跃，年轻人想成功，唯一的办法就是让外国的媒体来关注你，不然作品被封掉，展览被封掉。在这里，我们会看到大量的玩某人形象的作品，我就觉得没有意义，但是很多时候你对外国媒体说这个作品不好，本身他是故意这么说的，他们说这是个魔术还是有道理的，因为艺术本身就是要自由。我在想，如果是我在这里面做一个行为艺术表演被抓了，如果我在外面脱衣服跑，就会很容易被抓，但是这个有什么意义呢？

有些作品在北京展出过，也是很有政治性质的。比如说沈少民他去年有四个个展，一个是在站台，一个是在四合院，一个是在今日美术馆，一个是在唐人画廊，每个作品里面都有一点点政治色彩，但是没有一个被封掉。我觉得有时候这里面也有很大的一个问题，太多的外国媒体。到目前为止，有部分关于中国当代艺术的文章是在西方的报纸上发表。艺术杂志的读者比较开放，对于中国可能已经有一些认识。而报纸面对的是老百姓群体，在这样的报纸里，比如说驻中国的一个记者，他为了满足他的国人对中国的认识，我觉得，有很多人是没有特别的想法的，但是他脑子里有一个成见，他写出来的东西就不客观，所以这是个有意思的问题。刚谈到外国对中国有很多看法是由于对中国不了解，中国向外传播的东西太少了，或者传播出来的是另外的一面。

胡　震：您在策划群展的同时，也为刘小东、贾霭力、萧搏等艺术家策划过个展。在选择艺术家时，您的标准是什么？

凯伦·史密斯："选择"艺术家是件既复杂又简单的事情。刘小东等艺术家都与纽约以及为他们举办展览的画廊有些特别的联系；至于贾霭力和萧搏，他们是"站台中国"策划项目中想要合作的艺术家。

说到联展，我认为每个展览都有它自身的情境和条件，有时难免逸出某种特定的审美之外，但总是离不开特定的背景和语境：比如场域（城市/国家）、场所（城市中心、社区等）、操作风格（博物馆、学院或机构、艺术中心等）以及定位（被重点强调的艺术类型）等。展出的作品既可以是绘画，也可以是实验性的作品，或者是影像作品等。

作为策展人,通常得考虑在某个场域或场所之前办展的情况:这里原先展出过哪些中国艺术作品?观众了解的有多少?这些因素是你做展览的参考。就我来说,一个展览的成型通常取决于自己当时所专注思考的一些问题或想法,还有就是总想把展览做得有点新意或与众不同。此外,没有什么选择的标准可言。展览策划靠的是你的一时冲动,或者说,它为你提供了一次与没有合作过的艺术家合作的机会。

胡　震:可否把您之后为"站台中国"策划的"微妙"展解读为个人对当代艺术特质理解的一种呈现?

凯伦·史密斯:2007年,我写的文章相对比较多,在和仇晓飞、胡晓媛这些年轻艺术家接触的过程中,我发现他们的情感表达特别微妙。他们的作品做得非常好,但还没有完全获得西方的认同。我想这可能是因为外国人看到一些作品,需要了解文化背景后才能够比较深入地理解。因此我想我们能不能做一件事,就是通过展览来呈现一些艺术家的工作方式。比如说这些年来,他可能有些名气,但作品在市场上卖得并不是太好,但这并不影响他们一直坚持自己的想法。所以,从纽约回来后,我们就慢慢去找艺术家,请艺术家来做新的作品,让艺术家提供方案,在彼此沟通的过程当中也没有说有某一个主题,主要是有这个想法。"站台中国"的主持人孙宁和陈海涛做了很大的努力去帮助艺术家们实现他们的想法,所以说《微妙》做得挺有意思的,因为没有太多的商业的压力,也没有太多地考虑怎么去卖这个作品。当然,我们都希望收藏家对这些作品感兴趣,只不过开始做这个展览时这不是主要的问题。

胡　震:如果说您早年策划的一系列展览,包括您所撰写的 Nine Lives: The Birth of Avant-Garde Art in New China《九条命:新中国先锋艺术的诞生》一书,更多的是在向世界推广介绍中国当代艺术,让更多的人了解中国作为一个文化体系所具有的活力的话,那么,随着中国当代艺术在世界范围内受到的关注度的不断提高,您最近几年的工作重心也开始有所调整。我们看到您和"站台中国"合作的"自燃风狂""微妙""断片·片段——萧博的艺术"等展览,以及和今日美术馆合作的"目耳计划"等,这种调整是出于一种策略,还是另有原因?

凯伦·史密斯:刚到中国的时候,西方很少有关于中国当代艺术的展览,最初的时候我更多地把展览做在外国,但是现在更多地做在中国。我觉得现在最有意思的是把中国的当代艺术在中国展出,因为很多作品直接关系到中国的气氛、中国的一些具体情况,所以观众能比较直接地观赏它。我们最近讨论,比如我们做"微妙"的展览,包括做"目耳计划",这些作品拿到外国,你需要做大量的说明,但是在中国就比较简单了,它们可以让人有比较直接的感受。我开始是想把它拿到西方,但是后来我觉得还是在中国比较有意思一些。

总的来说,这种转变和时间的推移有关。一切都是一环套一环的自然生成和进展。我并不喜欢有策略性的东西。投身艺术,你必须始终保持一种开放的思维,为某个计划生活或工作是限制这种开放思维的最有效方式,所以这就是我努力避免自己被任何策略所左右的原因。

胡　震：这几年策划的展览中，参与其中的年轻艺术家不少，比如贾霭力、萧搏、仇晓飞、胡晓媛等。与您在大作 Nine Lives: The Birth of Avant-Garde Art in New China 中所讨论的九位艺术家相比，这些年轻艺术家有哪些吸引您的不同特质？他们会成为您下一部专著中新的"文化英雄"吗？

凯伦·史密斯：我不知道能否根据某一种特质来对他们做出界定。如果说他们有某种共同的特质的话，那就是对自我的认同和信心，以及更为熟练的与人沟通的技巧。和那一辈年长的艺术家一样，他们的艺术也很有个性。可是，我觉得用同样的方式对待第一代艺术家不太可能，因为他们出现在特殊的年代，并为中国的前卫艺术或者说探索性的艺术实验打下了基础。年轻艺术家有他们自己的时代，而这个时代的风格更像我们所说的全球化的文化氛围。

巫　鸿：站在美术史角度考察当代艺术

　　巫鸿是中央美术学院美术史专业的硕士，早年任职于北京故宫博物院书画组、金石组。1987年获哈佛大学美术史与人类学双博士学位，后在该校美术史系任教，1994年获终身教授职位。同年受聘主持芝加哥大学亚洲艺术的教学及研究项目，执"斯德本特殊贡献教授"讲席，2002年建立东亚艺术研究中心并任主任，兼任斯马特美术馆顾问策展人。2008年年初，他被选为美国国家文理学院院士。

　　作为著名的古代艺术史学者，巫鸿一直对当代中国艺术有着强烈的兴趣并为把中国艺术介绍到西方做出了重要贡献。早在20世纪80年代中期，他就在哈佛大学为陈丹青、罗中立、木心等一系列旅美艺术家组织了个展和群展。自90年代后期以来，巫鸿策划了一系列具有影响力的展览，包括1999年的"瞬间：20世纪末的中国实验艺术"；2000年的"取缔：在中国展览实验艺术"；2002年的首届广州当代艺术三年展"重新解读——中国实验艺术十年（1990—2000）"；2004在纽约、芝加哥、伦敦、柏林等地策划的"过去与未来之间：中国新影像展"；2005在柏林世界文化官举行的"'美'的协商"展；以及2006年在纽约中国美术馆举行的"Shu：中国当代艺术中对书籍的再想象"展。他也是2006年第六届韩国光州双年展的主策展人。此外，他曾为一系列中国著名当代艺术家——徐冰、宋冬、缪晓春、张大力、沈少民等策划个人展览。巫鸿最近的展览计划是今年3月在柏林世界文化馆举行的"亚洲再想象"展览和今年10月在美国芝加哥斯马特美术馆举行的"位移：三峡工程与中国当代艺术"展，以及一些在北京和芝加哥举行的个展和群展。除了制作配合展览的图录，他还撰写了多本有关当代艺术的学术著作，包括《十字路口上的中国艺术：过去与未来之间，东方与西方之间》（香港：新艺术媒体有限公司，2001）、《荣荣的东村》（纽约：前波画廊，2003）、《徐冰：烟草计划》（北京：中国人民大学出版社，2006）等。

　　有感于20世纪90年代以来当代艺术策展人人数的激增，特别是大量粗制滥造、应景式策展报告的出现，由此造成的当代艺术批评缺乏学理逻辑的浮夸之风的盛行，笔者趁巫鸿来深圳主持《中国当代艺术资料选（1976—2006）》[将由美国纽约现代艺术博物馆（Museum of Modern, MoMA）出版]编纂工作会议之机，就当代艺术机制中有关艺术批评和展览策划等问题向其请教，相信他的经验之谈能够带给读者一些新的收获和启发。

　　胡　震：作为一名风格突出的策展人，您的研究领域和策展活动涉及古代和当代两个方面，具有很强的跨学科性。在美国，像您这样亦古亦今，"两条腿"走路的策展人多吗？

　　巫　鸿：我可以先把我的情况稍微说明一下。其实我和一般意义上的策展人有些不同，我的工作也不完全是策展。我的主要工作是美术史的研究和教学。在美国，这种研究和教学——从古代到现代——基本上都是以大学为基地，不像中国有社科院、文研院等纯粹的研究机构。所以我的基地是大学。但除了教育这一块，我还参与策展工作，这是比较特殊的现象。在美国，像我这样在古代和当代之间，在研究、教学和策展之间频繁转换的人其实并不多见。可以说是个特例吧。

胡　震：您在古代美术研究领域颇有建树，您的专著《武梁祠：中国古代画像艺术的思想性》曾获 1989 年全美亚洲学年会最佳著作奖（李文森奖），《中国古代美术和建筑中的纪念碑性》更被列为 20 世纪 90 年代最有意义的艺术学著作之一。学术影响波及海内外。但近十年来，您又将当代艺术作为主攻方向，在进行个人学术研究方向性调整的背后，您最真实的想法是什么？

巫　鸿：我在美国已经工作了二十七年。1980 年到美国，在哈佛大学念书，之后马上在哈佛大学教书。我觉得我挺幸运的。有人告诉我，在做中国学术研究的学者中，我是唯一一个得到哈佛大学、耶鲁大学、伯克莱大学和芝加哥大学以终身教职聘请的人。但我最后选择了名气并没有其他三所大学大的芝加哥大学。这是为什么呢？一个主要的原因是这里对我的学术研究方向比较理解和支持。自 20 世纪 90 年代中后期开始，我的一个主要课题是希望把美国对中国美术的研究和教学提升到当代去。这是因为在西方待久了，越来越感到西方对非西方文化和美术的研究大都停留在古代的层面上。比如研究中国美术，绝大部分学者和出版物只关注传统，很少会研究当代艺术。即使现今在美国谈起中国艺术，很多人也马上会想到卷轴画等，甚至以为现在的中国人还在用毛笔写字！所以我越来越深地感受到，非西方和西方的差距往往不是地理上的，而是时间上的。一谈西方就是现代的和当代的，一谈非西方就变成了古代的和传统的。这个差距在很多方面都有反映。比如大学的美术史系里，西方美术史研究的重点是 18 世纪以后的现代美术，当然，对希腊、罗马美术的研究仍在继续，不过变得比较少，重点越来越多地聚焦现代和当代。但是，在非西方美术方面，可能 95% 以上的教职和研究项目都是古代的，至少在十年前如此。所以，我去芝加哥的一个主要原因就是希望缩小这个差距。我做策展、写有关当代艺术的文章其实都还只是表面现象，关键的目的是希望通过这些活动来改变教育和意识上的问题。因为我大部分时间都在美国工作，我发现这是一个在美国美术史教育中亟待解决的重要问题。在这个背景下，我的策展和教学都是为此服务的。这也是我一会儿做策展，一会儿又做其他研究的真实原因。其实，每个策展人都不一样，都有他自己的背景。我的背景是这样，所以切入点也不一样。

胡　震：这几年，随着当代艺术的持续火爆，越来越多的美术史家、美术批评家以及具有其他各种社会和专业背景的人纷纷以策展人的身份介入一级市场画廊的展览和策划工作。有人对这种身份混杂、角色定位不够明确的做法颇有微词。您刚才也讲过，像您这样的情况在美国也是比较特殊的。以您对西方现当代艺术和市场机制的了解，美术史家、批评家和策展人的角色定位究竟有何不同？

巫　鸿：我想西方还是区分得比较清楚的。例如美术史家基本还是以美术史研究为主，在美国又与教学结合。不是说他们一定不策展，但所策划的展览基本上专注于自己的研究和教学领域。比如说，研究古代美术的教授也会做一些展览，但都与古代美术研究相关。有些做当代艺术的具有教师和策展人的双重角色。比如策划上届威尼斯双年展的罗伯特·斯托（Robert Storr），他原来是 MoMA 现代艺术部的策展人，后来又去纽约大学当教授，现在又去了耶鲁大学主管艺术学院。但是这种情况也并不是普遍的。

策展人大概分成两种：一种是美术馆的策展人，他们的工作主要包括本馆的藏品整理、展览策划等，这是一个固定的工作。另一种是独立策展人，这是近十几年来出现的一个比较重要的现象，90年代后，这种现象也影响到了中国。独立策展人有不定期的策展工作。有的完全靠策展来维持生活，有的本身有固定工作，兼做独立策展人，其中的佼佼者被邀请到世界各地策划展览。这种所谓的独立策展人往往通过自己的工作建立起职业上的和社会上的联系。这种联系并非一蹴而就，它需要策展人通过自己的人际关系或其他朋友的介绍来建立关系网，从而拉到赞助人、艺术家以及美术馆、双年展的支持。这是由独立策展人自己逐渐建立起来的一个系统。

胡　震：这种系统的建立对推动当代艺术的发展有哪些好处？

巫　鸿：应该说有利也有弊。我个人认为，这种人很有能力，因为他们能够建立起这么一个世界性的网络，也推动了不少有意义的国际展事。比如侯瀚如，我觉得他是唯一能够做到这一点的中国国际策展人。我不是这种策展人，也没有以此为目标，因为这要花很多时间，需要四处奔走，需要投入很多精力，也需要聪明、机智和特殊的社会能力等。当然，它也潜藏着某种缺陷，就是这种国际策展人做的时间多了就会形成自己的圈子。圈子里可以互相提供信息，互相支持，比如某人有一些比较熟识而且被认为十分优秀的艺术家，他就会介绍给其他国际策展人，慢慢地便会形成一个圈内的东西，造成国际大型展览中艺术家和作品的重复，有时甚至是展览模式和风格的重复。所以有些不在这圈子里的人就觉得这是一个新的体制。当代艺术总是有些反体制的倾向吧，从对原有体制的反叛到反对新的体制，我认为这一切都很自然。

国外除了美术史家、策展人，还有批评家。美国有些大学也有艺术批评的课程，特别是艺术类院校，这种课程就更多。艺术批评和艺术史的分别一直是一个颇有争议的问题，其实两者之间的界限已越来越模糊了。现、当代西方美术的历史观念越来越强，艺术批评提出的问题往往是以美术史为基础的。比如某个批评家会说：这个艺术家提出的问题是安迪·沃霍尔（Andy Warhol）已经提过的。这就变成了在美术史基础上所做的一个否定。所以美国这种艺术发展连续性比较强的国家，批评和美术史越来越接近。但是艺术批评还是比较讲究同时性的，特别是在艺术质量的评价上更是如此。艺术史则是更强调历时性，这个大分别还是有的。一方面，做当代艺术史的人现在要学很多理论，做批评的人也要学很多艺术史。但是，另一方面，各自的工作和文风还是有些不同，在职业上彼此也还是有些分别的。

胡　震：可否说得更具体一些？

巫　鸿：比如说《纽约时报》有两个主要撰写艺术评论和展览评论专栏的作家，其实这种艺术评论家在任何大报都有，他们的一个共同点是必须保持独立性，甚至必须与艺术家保持一定距离。你跟他打交道时，会感到其实他不愿意过于接近你，展览开幕式他也不常去，往往等到没人的时候他才去。因此，他自身的独立性是非常重要的，如果没有了这种独立性，他的职位也保不住，说话也没人听。在美国和欧洲，这种人对艺术界的影响是非常大的，特别是对公众的影响就更大。比如纽约有那么多的展览，哪个展览好，哪个展览不好，往往是通过《纽约时报》艺术版来传达这些信息。而且在这种人当中，有一些人文笔很好，文章写得很漂亮，也很尖锐。他说一个展览或艺术家不好，大多数读者也就这样看。或者他干脆不说不写，那就比批评更糟糕。因此，美术馆组织展览，把他们找来看、请他们写评论就变成了一件很重要的事情，打电话啊，托熟人啊。但有时他也不一定来，或者就是请自己的助手来看看而已。

胡　震： 与西方媒体艺术批评的独立性相比，中国目前似乎正处在一个比较困难的境地，批评家不是和艺术家扎堆，就是和画廊有关系，总之要有关系，如果再牵涉到一些商业性的问题那就更加麻烦了。

巫　鸿： 关于西方媒体和批评的独立性，我们当然也不应该完全理想化，但它至少在理论上有一个原则。至于实际上是否真的那么纯粹，我们也不可能百分之百地肯定。但至少它有一个理论基础，如果它做得不纯粹，别人就可以批判它。

胡　震： 由此看来，在一个由艺术家—画廊—策划人（批评家）—美术馆构成的当代艺术运作模式中，批评家的作用举足轻重，在某种程度上甚至影响或决定艺术家及其作品的价值判断。

巫　鸿： 一个艺术家的被发现和被推崇，以至于最后载入历史，其实是一种复杂的三角关系的结果。画廊是一方面，然后是美术馆和博物馆。这二者本身就有关，例如古根海姆（Guggenheim）就和一些重要画廊有很牢固的关系。第三个方面是批评家和美术史家，他们往往会为 *Artforum*（《艺术论坛》）、*Art in America*（《艺术美国》）、*October*（《十月》）等极具影响力的杂志撰稿，从学理的角度对艺术家的作品进行判断。这些因素都对艺术家地位的确立有影响，并非全部是批评家说了算。当然，批评家通过媒体对大众的影响更为深刻。因为在美国，对于很多人来说，看展览已经变成大众文化的一部分。现在大部分中产阶级的人一到周末，就会去看新的展览什么的。展览已经变成了一个社会话题，大家晚上吃饭聚会，往往会谈到有什么新的电影、什么新的歌剧、什么新的展览。展览类型分很多种，有古代的，也有现代的，根据每个人的喜好，也不一定都是去看现代的展览。但是像古根海姆这种美术馆组织的大型展览，去的人就会很多，有的是一家几口一起去，还建立起了会员制。这已经变成了一种社会风潮。所以关于看什么展览，报纸的影响力就非常大。相对而言，学术刊物会对确立艺术家在美术史上的地位作用更大，因为它的文章是学理性的，分析得也比较详细。比如研究生要做什么研究，将来写美术史时哪些艺术家可以纳入史册，这些文章的影响就更大一些。艺术家进入一家大博物馆做展览，一方面是证明他的地位和成就，另一方面也必须有重要的美术史家和理论家做后盾。所以这几个方面，既相互联系，又不完全一样。它们共同呈现了一个网络状的东西。

中国 20 世纪 90 年代以来其实也在慢慢地形成这种东西，但是中国的事情往往进行得太快。当代艺术也是这样。一下子涌现出许多新事物，比如说双年展等，但其实我们自己的基础机制还没健全。不过这也挺自然的，埋怨也没用，就只能不断回头补课吧。但有些问题还是需要不断地谈的，比如说艺术批评的独立性问题，近年来的商业大潮已经把它冲得有点垮了。回顾 80 年代和 90 年代，批评界对中国当代艺术的发展起的作用还是很大的。这几天我们还在谈，像 80 年代整个当代运动的兴起得到了批评家的很重要的支持和指导，一些报刊像《美术报》《江苏画刊》《美术思潮》对这个运动的发展是至关重要的。当时的很多会议，还有 1989 年的"中国现代艺术大展"都主要是由批评家来主持的。到了 90 年代初，批评家甚至把缔造当代艺术市场作为一项重要的实验性项目去做，组织了很多相关活动，包括办展览、办杂志等。不过最近几年的商业大潮到来以后，批评家的作用就变得有点尴尬了。一旦艺术加入了商业的意味，那么应该由谁来界定它的价值呢？现在有些艺术品卖得很好，价格很高，但这个价格不一定能够体现它真正的美术价值。其中存在着许多偶然因素，有的甚至只是炒作。它这个价格并没有一个充足的学理或者艺术批评的支持。一幅卖了 500 万美元的画，却没有人专门写过分析文章，那么它的历史价值在哪里？这就成了个问题，就让人有点担心了：这个价值究竟从何而来？有时候有人会问我，这个价钱值不值？我的回答是：这不属于我的专业范围，这是一个经济学和市场运作范畴的问题。我只有从美术史和批评角度对艺术品和艺术家进行分析的资格，对市场这东西我没有发言权。

胡　震：在西方，批评家的大名总是与某个画家、某个艺术流派联系在一起的。提到印象派，我们马上会联想到弗莱，提到立体主义，会想到阿波利奈尔，提到波洛克或抽象表现主义，会想到罗波森。批评家们通过描述、解释和评价工作，不仅加深了观者对其批评对象的理解，也确立了其在艺术史上的地位。与西方这种状态相比，您觉得中国对艺术的批评目前最缺的是什么？

巫　鸿：缺的主要是两个方面。一个是批评的内涵，也就是批评的标准问题。我们知道，目前世界上的当代艺术并不是一种定式，咱们不能完全按照西方的标准来鉴定其他国家的现代和当代艺术。所以说，如果要鉴定中国的当代艺术，我们应该有一个自己的学理标准或者系统。像您刚才说的，西方的批评是一个解答问题的过程，批评家首先确定的是艺术问题之间的历史关系、流派的关系，艺术家所提出的问题总是对以往问题的回应或反对。这是一个连锁过程，从中可以看出每个时代有什么具体问题。例如谈到抽象表现主义时，就可以根据这种连续性鉴定出哪个艺术家最具代表性，或某个艺术家的哪些作品最具代表性。就是这样，一层一层的共识。我觉得中国的整个系统还在建立过程中，我们的很多艺术史家、批评家目前也正在努力去建立评判和叙事的系统。我们所缺的另一方面是时间的沉积。我觉得很多的"选择"并不是人为的，而是历史造成的。比如说，意大利文艺复兴时期大概有几百位知名艺术家，但现在大家真正总在谈的不过只有几个。历史起到了一个沉积、挑选的作用。不但是美术，其他艺术都有一个时间的问题。我们现在身在其中，反而看不太清楚。所以，有一部分资料是批评家、艺术史家能够努力去争取整理的，但另一部分就需要时间来让它慢慢呈现。中国当代美术发展了三十年，外国至少也可以追溯到一百多年了。而且在中国，我们曾经有过很多断裂，比如"文革"的断裂期。每次断裂以后都会重新调整艺术批评的标准。而像我刚才说的，西方的经验是更具有连续性的，现代化之后就一直这样一步一步发展过来，所以这与中国也是两种不同的状况。现在我岁数大一点了，已经不太着急了，其实急也没用。但对于完全商业化的所谓"艺术评论"，大家一窝蜂似的只是谈钱，不但是中国的媒体，西方媒体现在对中国当代艺术的介绍也总是谈市场，我对这个现象是非常反感的。《纽约时报》在谈西方美术时还是比较学理性的，但一谈到中国当代艺术就全都是钱的问题了，我觉得这真的很讨厌。

胡　震：从 20 世纪 80 年代开始，您就在哈佛大学为当时刚刚进入国际艺坛的十几名中国艺术家举办个展和群展，您对当代艺术问题的思考主要体现在您所策划的各种展览中。回首二十多年的策展经历，您认为哪些有价值的理念和方法可以与人分享？

巫　鸿：我从 20 世纪 80 年代就已经开始留意中国当代艺术这一块了，当然，它没有现在那么红火。当时，有些中国艺术家移民到美国，包括陈丹青等不少人，我就开始在哈佛大学帮他们做展览。那时只是一种小型的、介绍性的展览，不像现在那么轰轰烈烈。而且这些艺术家也不像后来去美国的谷文达、徐冰、蔡国强等人，他们基本上是写实主义的风格，而不是完全当代的风格。但是，他们是"文革"以后中国第一批过去的艺术家，应该说也是很重要的。于是我开始跟他们熟络起来，做展览，慢慢进入了这个圈子。进一步的深入期则是在我的学术地位比较稳固以后，比如说在 90 年代拿到终身任职后，研究重点就更转到对学科的大的发展方向的思考。特别是当时我得到几个学校的聘请，因此可以与这些学校的领导谈论这些问题和想法。芝加哥大学非常鼓励这方面的研究，所以我没有留在哈佛大学，而是到了芝加哥大学。芝加哥大学为我建立了一个东亚艺术中心，而且找了一些人和我一起做研究，这都花了很多钱。同时，它对研究生的资助也是一笔很大的开支。我也得到了大学美术馆的很大支持，于是开始在芝加哥大学做比较大型的展览。所以说那个时候，从 90 年代中后期，我确实是进入了当代艺术这个圈子。当时一些研究中国古代美术的美国教授也对此产生了一定兴趣，但大部分只是偶尔做一做展览，写一两篇文章，没有长期性和持续性。我认为这事情真的要做就得有持续性，不能做一下就离开，这样不可能有真的建树，所以从那以后，我就不断地在做。

我所做的展览由于地点、目的不同，采用的模式、方法也不相同。在美国做的展览一般还是以介绍性为主，因为美国的普通民众，甚至包括知识分子，对中国当代艺术是没有什么概念的，例如对社会背景知识等都不太知道。但是我也不太同意当时比较流行的一种介绍非西方艺术的模式。这种模式就是在介绍中国当代艺术的时候，往往把它作为一种运动——一种集体现象或政治现象来介绍，更糟糕的甚至以冷战的形式，把中国或苏联的当代艺术径直作为"非官方艺术""地下艺术"等来介绍。而且有一点让我非常不舒服的就是，一谈到西方的艺术就是"个人"的问题，虽然有流派的概念，但是最后还是落实到著名艺术家之上。但一谈到中国，"个人"的概念就消失了，比如说谈到"后 89"，他们连王广义这些人的名字都读不出来。所以这既是一个知识的问题，也是一种文化差距、文化政治的问题。当代艺术中当然具有潮流和运动，但艺术家的创作必须是基础。每个潮流里的艺术家都各有不同，中国艺术家也是一样。这是我开始"介绍"当代中国艺术时的一个基本理念。所以我在组织我的第一个大型展览的时候——一个叫"瞬间：90 年代末的中国实验艺术"的展览，包括近二十个艺术家——基本上用的就是这个概念。我对参展艺术家做了很多访谈，为每个艺术家写了一篇分析文章。这本书现在在美国还比较流行，很多人读过，已经出了三版。一个主要原因是它是以艺术家为主要线索的一本书，讲述艺术家的艺术生涯和他们想说的话。总之，我觉得任何介绍都要把艺术家烘托出来。

胡　震：您后来为徐冰做"烟草计划"时也是这样，访谈了很多次。包括去年做沈少民的展览时，依然在强调艺术家作为个体的存在。

巫　鸿：我觉得做一个展览一定要出理念，要有上下文。因为我是学美术史的，其实历史有长有短，短的比如一个艺术家本身就有自己的历史，他前前后后的发展史。比如说沈少民，我觉得很有意思的一点是：很多当代中国艺术家都是从学院出来的，他却不是。他是从文化馆出来的，大庆出来的。这是中国很有意思的一个机构：群众艺术馆。后来他又去了澳大利亚，然后又回到大庆。这样转来转去，就造就了这么一个很特殊的当代艺术家。这个过程本身就非常有意思。虽然访谈、做研究比较花时间——我也不是说每个艺术家都值得这样做——但是因为我自己的专业是美术史，我也教美术史，我感到在做当代美术的时候也可以用一种"史"的方法来做。别人可能会采用更多的批评的手法，我也不会说那样不好，只是每个人都有不同的方法。我的方法可能比较特殊，也可能有它自己的局限性，但我比较习惯用这种方法来做。对单独艺术家是这样，对比较大的现象也会倾向于从史的角度来谈。比如我担任主策划的首届广州当代艺术三年展的目的是对1990—2000年十年间的当代中国艺术进行重新解读，我觉得是对中国当代艺术的一个梳理吧。这是不同的层次，从对个人的梳理发展到对整个中国当代艺术的梳理。我觉得这种思考方法是由我的学理以及个人的背景所决定的，我比较习惯这样做。慢慢做起来了，与艺术家交谈多了，也变得比较熟悉了，觉得一起合作比较舒服。艺术家也常常通过这种交谈开始想一些问题。所以这类策展不知不觉地就带有一种共同合作的性质：艺术家开始想一些问题，产生了一些契机。当然，最后还是艺术家的作品，但策展人的作用就不仅仅是表面的了，他也参与到艺术创作的过程中去了。

胡　震：配合展览出版书籍和图录，用文本记录历史，也是您一贯坚持的做法。

巫　鸿：其实文本的目的并不完全是记录展览，而应该和展览有一个相辅相成的关系。这里用的是西方史学的上下文的研究方法。因为展览基本上是以作品为主，如果加上很多文字，别人会觉得很无聊。文本就可以涉及艺术家的访谈或者生平等内容，这些可以有助于理解作品。作品摘掉了，这些文本就可以单独流传，成为研究美术史的资料。这也是我一直以来的工作方法，但最大的问题就是这种方法的进度非常慢。

最近我比较感兴趣的一项计划是和宋冬一起做一本书，谈《物尽其用》那部作品。这部作品第一次在东京画廊展出以后，接着在我策划的上一届"光州双年展"上展览，刚刚又在柏林展览，在每个地方的展览所引起的反响都非常大。虽然作品的组成部件都是中国的零零碎碎、普普通通的东西，但是这部作品提出的问题却是一个世界性的问题，因此每个地方的观众都很受感动，他们会联想到自己，回忆自己的过去。目前做的这本书还收录了宋冬的母亲赵湘兰的大量回忆以及对每一件"废物"的回忆。做这本书跟作品展览完全不同，但却又适合这部作品。除了《徐冰：烟草计划》以外，我做的《荣荣的东村》等书也有这种文本性质。因为我的学术背景比较强,所以我做的每个展览,不管在美国还是在中国,都希望把展览和编书结合在一起。

胡　震：虽然费时费力,但这种出版物却是今天国际上研究当代中国美术史不可多得的重要参考资料。

巫　鸿：其实西方美术馆在举办重要艺术家的展览的时候,特别是回顾展时,也都会这么做。因为只有对艺术家的发展做出一个明确的分析、评估,他们才有依据做这个展览,否则他们是不会贸然地给艺术家做一个展览的。但有的画廊比较急功近利,就可能不做这一部分工作。但其实有些比较严肃的画廊,包括一些国内画廊,也开始支持这种严格的评估。我觉得策展人应该跟艺术家说清楚,某些展览不是一出来就能赚钱,但对他们的声誉是很好的,对他们的长远发展也有很大影响。有些有眼光的画廊对此是完全理解的。中国也开始出现这种画廊。所以我也不完全反对与画廊合作,重要的是大家对此要有一个共同的、清晰的理解。

胡　震：您在 2007 年在国内做了几个展览,对旁观者来说,他们更关注您对艺术家的选择,以及您对当代艺术创作取向的把握。

巫　鸿：目前在中国,从批评家和策展人的角度来看,主要的任务是一个确立标准的问题。这种标准可以通过写作、展览等各种方式来反映。例如做某些展览时更加仔细一点,在选择艺术家和作品时更加到位一些,这些听起来很简单,没什么太多理论,但会产生重要效果。目前有那么多个展览,哪个展览做得好,大家都会看到,这样就确定了一个新的标准,别的展览就要对应这个标准。因此,有时候听别人讲,你这个展览做得还比较仔细,我就会很高兴。

另外一种类型的展览是提出一个新的、真实的概念,而不是一个华而不实的标题。我去年在北京前波画廊做了一个叫《网》的展览。"网"是一个结构性的问题,古代很早就有这个"网"的问题,而且这个概念在当代越来越突出,如网络、网民,而且全球化就是一张网,法律、商业也是不同的网。而"网"又不完全是抽象的,它是很形象、很具体的东西。所以我就把这个方案提出来,写了一篇很短的文章,发给艺术家,邀请他们提出方案,通过艺术方案来想这个问题。所以这个展览就变成了两部分,一部分是提出问题和方案,另一部分是完成作品。第一部分因此有点"反作品"的意味,这也是我对当代艺术商业化的一个反应。在这里我需要解释一下：商业卖的必须是成品,半成品是卖不出去的。所以画廊必须强调成品。一个后果是弄得很多年轻人刚毕业就开始做成品,或者是模仿别人的成功的成品。

我的这个展览因此是反其道而行之,第一本图录中登载的都是方案,把艺术家的方案编成一个图录,其中我的策展计划也是一个方案。这些方案中,我觉得有一个很好的就是邱志杰的"机场共和国"。他认为国际机场组成了一个超越国界的网络,在这些机场里面,你感觉不到国家的概念,每个空间都差不多,所有的用语、标志、商店也差别不大。现在你坐飞机,看到航空杂志中的航线图,它都不标国界,而是提供一种由航线交织而成的网。展览中,另外的艺术家又从别的角度来考虑"网"的问题。像史金淞那个是表现北京天上的一朵云：你怎么把它描绘出来、"捕捉"下来？最后发现其实所有现存的技术都是以网络的方式固定下来。这就提出了一个非常重要的有关再现技术的问题。因此这个展览的目的在于刺激艺术家的想象力，刺激他们设计方案。从这个角度说，这个展览就是一个方案展。最后展览完了，我们会出一本姐妹本的画册，在这第二本画册里，我将写一篇文章分析每件作品。因为这个展览所强调的是思考的过程，为实现这个过程提供一个机制。所以，对我来说这个群展是有点实验性质的。我一直喜欢用"实验性"这个词，因为实验性就是不知道结果，你要是知道结果就不叫实验了。实验有可能失败，实验也需要冒险。如果只以商业利益为目的，那就肯定不要做实验了。

胡　震：今年三月在柏林那边也有一个展览，能介绍一下这个展览吗？

巫　鸿：这还得从前年我参与策划光州双年展开始谈。那个双年展的主题是"亚洲"。它分成两个部分。第一部分我是主策展人，我又请了三个外国策展人，他们分别在德国、美国和澳大利亚工作。当时的主要概念是：我认为以"亚洲"作为基础来展示当代艺术暴露出一个很尖锐的问题。在我看来，通常对"当代亚洲艺术"的两种解释都是靠不住的。一个是把亚洲作为一个封闭的地域——亚洲的当代艺术因此意味着亚洲出来、亚洲制造的艺术。但实际上情况绝对不是这样，所谓的"亚洲当代艺术家"是极为全球化的，不但散布在全球各地，而且不断在国际展览间穿梭旅行。当代亚洲艺术的地域性定义因此是一个不符合实际的假说——实际上在现在这种全球性的大环境中，"地域"已经成为一个很传统的概念，但是国际展览对当代艺术的分类却还被安放在这个定义上。第二个国际上常常出现的误解是亚洲艺术就是"亚洲艺术家"的艺术。这也是不对的。因为现在很多所谓的亚洲艺术家，你一查都是移民的第二代第三代了，甚至不会说中文或日文，有的甚至自己都不认为自己是亚洲人。但策展人或美术馆按照他们的姓氏，例如姓陈，就把他归入亚洲艺术家一类。我觉得这样做有一种侮辱性和种族主义的意味，好像要把这些亚洲人一下子搞到一块儿。所以这两个命题我都不同意。但是，另一方面，我也不同意"没有亚洲艺术"这种说法。这个概念还是存在的，因为亚洲有自己的文化传统和认同。这就把我们带回到了一个根本的问题：什么是当代的亚洲艺术？什么是当代的中国艺术？什么是当代的伊朗艺术？

我觉得要找到答案，就要脱离艺术家本身的表面属性和简单地按国家地域、种族和宗教的划分，而需要深入到艺术品本身所反映的问题，需要牵涉到艺术语言的问题：艺术家使用的语言和逻辑是从哪个艺术传统里出来的？它针对的是亚洲的问题还是其他地区的社会问题？等等。从这一点出发，我在光州双年展就提出过一个想法：其实对于"亚洲艺术"说来，任何一个国家的人都可以参加这个艺术的创作，比如一个美国艺术家或欧洲艺术家在798艺术区住个一年半载，就可能拿出一个与中国有关的很好的作品。有些人受到书法的影响，不来中国也可以做出很好的东西。我有时半开玩笑地说，这道理就和中国人也可以画印象派绘画一样，也不光是法国人才可以是印象派画家，关键是你用什么方法、什么思想去做作品。实际上还是还原到作品的概念，而不是用艺术家本身的符号来定义艺术。

从美术史的角度看，亚洲艺术的国际化，或者说是国际艺术的亚洲化，其实也不仅仅是现在的现象。比如说激浪派中的很多人受到东方哲学的影响，当时就已经很国际化，里面包括很多国家的人，日本、韩国、德国等都有，其实已经是一个国际性当代艺术的现象，而不仅仅是西方艺术中的一个现象。因此，我在光州双年展中就设置了激浪派的一个分展。但是由于双年展过于庞大，人多而时间短，所提出的理论问题反而不够鲜明。所以那个展览完了以后我就和当时的一个合作者——他是我请的柏林世界文化宫的策展人——商量，把这个计划继续做下去，准备的时间长一点，作品选得再精一点，也组织一些理论上的讨论，放在世界文化宫这种比较稳定的地点做。新展览的名字叫"亚洲再想象"（*Re-imagining Asia*）。这个地点对这个选题来说也很合适，因为世界文化宫本身就是要为世界文化服务，因此也需要不断重新思考"世界文化"的定义。

胡　震：这是对光州双年展的一个延续。那么，在艺术家的选择上和原来的策展理念上会不会有很大的雷同呢？

巫　鸿：对，两者有很强的联系，特别是在理念上有很多延续。关于艺术家，大概有四分之一是从光州双年展里过来的，因此两个展览不完全重叠。中国艺术家的作品有两个是重叠的，一个就是宋冬那个大型的《物尽其用》。主要考虑的是这个场地对宋冬的作品展现更有利，可以完全展开；还有一个是张大力的作品，我也在798艺术区做过一次，这是一件比较敏感的作品。他用了几年时间收集宣传照片的不同版本，放在一起展示出来，人们看到的是，这些"历史照片"本身并不反映一个真实历史，而是造就了一个"第二历史"。这是一个对图像、对图像技术的相当深的反思。除了这两件作品外，其他的作品都是新的。来自中国的艺术家并不太多，很多是来自别的国家的艺术家。

王璜生：云淡天高任逍遥

2009年7月，王璜生在众人的不舍和祝福中离开广州，前往北京。从广东美术馆馆长到中央美术学院美术馆馆长，原本一次正常的人事调动，却因"王馆"头顶的特殊光环而格外引人注目。广东美术馆自创建以来，不仅成功地从一个地方性公立美术馆逐渐转变为公众心目中堪与中国美术馆和上海美术馆并肩的大馆、好馆；更重要的是，通过"广州三年展"等一系列重要展览的组织和策划，成为国际和国内重要的当代艺术展览和活动的首选地，并由此建立起庞大的当代艺术作品馆藏。作为馆长，王璜生功不可没。在事业发展的黄金时期，王璜生却出人意料地选择离开。对此，我们有充分的理由相信，前往京城的"王馆"，借中央美术学院（简称"央美"）这块宝地，未来一定能为中国的当代艺术做出更大的贡献；同时，我们也心存一丝忧虑：后"王馆"时代的广东美术馆是否能一如既往地坚持和发展"以学术带动展览和收藏"的当代路线？带着疑问，我们采访了即将赴任的王璜生。借此机会，祝"王馆"诸事胜意！愿广东的当代艺术之花繁荣茂盛，开遍世界！

胡　震：对于您这次的调动，大家众说纷纭，不一而足。从您个人来讲，在广东美术馆前后做了十几年，特别是正式担任馆长职务以来，您把一个地方性美术馆逐步转变成一个享有行业地位且具世界影响的当代美术馆，应该说，目前正是您事业发展的成熟期，为什么要选择在这个时候离开广东，去中央美术学院的美术馆工作？

王璜生：的确，最近一段时间很多人都在关心这件事情，在他们看来，广东美术馆已经初具规模，在社会上也有一定的影响，在这边做事可以更加自由，也更有自主性，为什么还要选择去北京呢？我想，首先是，我很想去学院工作，因为我一直都有一种学院情结，对于一名学者而言，学院无疑是最佳的去处。因为学院不仅有很好的学术氛围，有丰富的图书收藏，有师生之间不同思想的交流碰撞，还有相对清净的环境和空间，以及自己能够掌控的时间等。虽然，在学院之外能有更多机会参加社会性的活动，能干一些轰轰烈烈的事情，但我个人的性格应该说更适合待在学院，因为学院是我喜欢的地方，或者说是我想象中的一块净土。这应该是我选择去央美工作的重要原因之一。另外，我在美术馆这个行业做了很多年，也积累了一些工作经验，如果转行去做别的，当然非常可惜，也是不应该的。我个人认为，央美的美术馆，实际上是一个非常好的学术研究和展示的平台，它背靠国内美术院校的最高学府，加上北京的历史人文环境，以及它所具有的国际视野，我想如果能够利用自己的一些经验和对学术的认知，在这样的空间里还是能够做些事情的。

胡　震：众所周知，北京的环境和广东这边有很大的不同。换句话说，您在广东这边积累的经验也许并不适合去北京推广应用。我们想知道的是，面对新的工作环境，您会做哪些调整？对未来是否有些不同的设想和期待？

王璜生：因为还没有去北京工作，那边究竟是个什么状况，我也不是十分了解，所以还谈不上有什么具体的设想。但是,在接受这项任务时,我首先想到的是,在美术馆这个行业里,重要的是要坚持学术为主的理念。在广东美术馆工作期间,我们一直坚持对美术史的研究和对当代艺术的介入,以研究的眼光来进行美术馆的各项工作,无论是展览、收藏,还是细化到说明牌的文字处理等,我们都强调它的学术规范,强调用专业规范来进行操作。中央美术学院美术馆所处的位置不同,应该说在学术方面可能会有更大的发挥空间和操作上的可能性。

胡　震: 在广东美术馆期间,您主要通过举办一系列的重要展览和收藏,来确立自己在国内乃至国际博物馆和美术馆行业的学术形象。到了央美后,您会以什么样的方式来提升央美美术馆的学术形象,延续央美的学术传统?

王璜生: 老实讲,我一直都很向往中央美术学院,那里不仅是众多人文学者汇集之所,也是才华横溢的老中青三代艺术家聚集之地。他们共同形成了央美独特的思想资源和艺术资源。如果能够利用好这些资源,背靠他们开展工作,应该是很惬意的事情。我自己曾经考察过国外的一些大学美术馆和博物馆,他们在运作时特别重视专题性的研究工作,比如,我最近在法国看到的由曾经策划过"大地魔术师"展的策展人马尔丹做的一个专题展,这是一个有关"双重视觉"的研究性展览。研究人的视觉表现和绘画中的表现,以及由此产生的视觉二重性关系的研究专题,包括文献资料的收集,古代作品的呈现和当代艺术家作品的掺入等,是一个既跨越时间和空间,同时又能打通学科之间联系的展览。以我自身的学术背景来讲,我很希望能做这样一类的专题性展览,但是,以我个人的能力,有些可能做不起来,我很有兴趣与国内的学者,包括央美、北京大学、清华大学等大专院校及社科院的从事跨学科研究的学者们合作,共同来做这样的专题性研究活动,包括研讨、出版、展示等。目前看来,国际上这些重要的展览和策展模式在国内还不多见,做到精致程度和深度的更是少之又少。国内有一些策展人做的专题性展览,更多的是在关注一些局部的问题,能够超越艺术学的展览几乎没有。

胡　震: 所以,您期待在目前的展览和策划模式上有所突破,希望通过跨学科的交流合作找到一个突破口。

王璜生: 是的。我们必须超越我们现有的策展模式,让策展拥有更大更自由的表现空间,也敢于挑战更开阔、更有深度的课题。在我看来,策展人像厨师一样,要善于发现好的艺术及艺术家资源,然后用你的智慧和敏感、你的学术积累,还有你的技巧做出有深度且不乏创造性的展览。

胡　震: 由此看来,我们期待未来的央美美术馆会成为众多艺术家和策展人表达个人理念和施展个人才华的一个重要平台。除了与一些重要的艺术家和策展人合作,对年轻的后起之秀,您会以什么样的方式去引导和支持他们在艺术上的探索实验?

王璜生: 央美人才济济,对于青年学者和学生,我也有个粗略的想法,希望开辟一些独立的空间,选择一些独立的选题,让他们介入到展览和策划中来,鼓励他们做一些实验性的东西。在我的心目中,央美的美术馆应该是多元共存的,它可以深入地做些专题性跨学科研究，也应该关注并且勇于面对周边的艺术现实。充分发掘这方面的资源并且把它们激活，这也是非常重要的。我一直认为，美术馆通过做一些重要的交流展和一些重要艺术家的作品展，或者说通过这样的展览来提供一种知识的背景或一种学习的机会，这些固然非常重要，但是从美术馆自身的运作和自身学术建设来讲，更重要的是需要一个属于它自己的展览角度，能够体现自身策展能力的活动。

胡　震：这个想法的确不错，至少它可以让更多的青年学者和学生们借助美术馆这样的平台发挥他们的聪明才智，呈现他们对当代艺术的思考和探索。多年来，广东文艺界一直存在这么一种现象，即原本在广东本土发展势头不错的艺术人才，离开广东，北上京城，寻找更大的空间、更多的发展，结果却不尽如人意。当代艺术圈也不例外，大家都说北京的艺术圈是个大江湖，林子够大，水够深，但弄不好也能把人折腾得够呛。不知馆长是否也有这方面的心理准备？

王璜生：其实我对自身的把握一直都比较低调，很多事情我也看得比较淡，包括说广东美术馆做到今天这样，在我看来没什么特别的，在北京、上海、广州这三座大城市，有三个大的像样的美术馆，应该说是很正常的事情。如果像广东这样的大省连一个像样的美术馆都没有，那反而有些不正常了。在广东，我并没有把自己所做的事情看得太重；现在调去北京，其实我对未来也没有看得太重。因此，对于所谓的闯荡江湖之说，我并不在意，也不抱太大的期望。当然，我会对自己的未来、自己的工作负责。因为我的特点是，既然决定做一件事，就会认真尽力，但我不会奢望工作之外的其他东西。所以我不会忧虑水深不深这样的问题。不过您刚才提到的这种现象的确很有意思，在广东流行乐坛，在电影界，包括当代艺术圈里时有发生。他们在广东曾经做得轰轰烈烈，但离开后的发展并不怎么样。我觉得可以从两个方面来看这个问题。一个方面是为什么要走？比如说，当年珠江电影制片厂拍了那么多的好电影，为什么后来做不下去了？我觉得这是有关方面领导需要好好去反思的问题。另一方面，目前广东美术馆，包括广东当代艺术的发展势头还不错，如何坚持下去，有更好的资源的整合，如何通过整个社会和经济的调整使广东当代艺术的生存环境更好一些，能够产生更大的影响，能够留住人才，这恐怕需要社会各方面的共同努力。

胡　震：一般说来，大家认同广东美术馆的地位和影响，主要是广东美术馆做了一些重要的展览，包括"广州三年展""中国人本""广州摄影双年展"等，实际上，从美术馆专业角度来讲，是否有一种运行良好的机制或系统在起作用，从而保证了广东美术馆在当代艺术领域成功地走到了今天？

王璜生：表面上看，大家是从我们的几个大展来认识和肯定广东美术馆的。但从更深层次来分析，我觉得广东美术馆的意义，可能在于较早的时候它便有意识地建立起一整套美术馆的学术标准和专业操作规范，当然，这种系统和标准也是一个不断完善的过程。还有，我们在策划和运作中始终保持一种主动意识，在每个历史阶段，我们都有一些短期的目标，在某种程度上成为行业的一个标杆。比如，1997年开馆时，我们出了一套丛书，共六本，今天看来依然不乏较高学术价值。通过出版，我们把展览和研究工作有机地联系在一起。对我们来讲，作为官方美术馆，能够投钱做展览，特别是投入资金做系列丛书，在当时是很难想象的。后来有人不解，问我们做书的钱从何而来。我想主要是我们具有这样的意识，有了这种意识，其实是可以找到很多解决经济和其他方面问题的有效方法和途径的。在研究和出版成为一体后，很多艺术家就是冲着这一点，愿意为美术馆捐献作品。这样就变成了一种良性互动，而不是被动地靠收取场租，或用场地换取作品的方式来获得我们所期望的藏品。在此之后，我们又开始做《美术馆》这本刊物。它的重要意义在于，它是国内第一本完整地研究美术馆和做跨美术馆研究的专业刊物。另外，在文献资料收集整理方面，我们也走在了国内同行的前面。由此带动的是各种展览资料的档案建立，包括"美术馆年"和馆藏作品的图录等。如藏品图录，将所有的藏品和资料公之于众，这是国内许多美术馆所未能做到的事情。因为一旦我们面向公众，就必须面对可能来自公众的质疑，比如藏品的品质问题，是否存在人情收藏的问题，还有藏品的内部管理、学术工作方式问题等。

胡　震：一开始，广东美术馆的目标似乎并不是做当代艺术，后来向当代艺术倾斜，这和您正式接任馆长职务有很大的关联吧？

王璜生：其实一开始也考虑当代，我们的定位是一个现、当代美术馆，收藏20世纪以来对美术史构成影响的作品和文献资料。以此为立足点，从开始比较重视现代作品收藏到后来进入当代艺术收藏，这也是一个循序渐进的过程。因为有些东西是不能操之过急的。

胡　震：可否具体谈谈发生在这个过程转换中的一些事情？我想这期间一定少不了思想观念的碰撞和具体的操作困难。

王璜生：我们当时本着对历史负责的想法，首先从历史切入。广东一直以来被认为是艺术观念比较保守的地方，一下子做得过于当代和前卫，会让人难以接受。或者会让人觉得美术馆的运作偏离了方向。所以，开始时我们更注重温和的学姿态，强调学术研究的重要性。从1998年开始慢慢有了个别当代的展览。当时国内美术界的情况是，1996年上海美术馆开始做上海双年展，但只是油画双年展；1998年做的是国画双年展。所谓当代艺术，基本上是由民间来做的。我们是1998年开始做当代艺术展览，但基本上也是比较温和的。

胡　震：作为公立美术馆，广东美术馆是国内最早做当代艺术的吗？

王璜生：我不敢这么说，因为上海美术馆可能也做过一些比较当代的展览。我们较早切入当代做的展览包括王南溟策划的"艺术中的个人与社会"、顾振清的"虚拟世界"等，由此也开始了我们馆的当代艺术收藏。总的说来，这是一个尝试的阶段。到了2000年，我接任馆长后，开始较具体地考虑做"广州三年展"的问题。和国内的策展人、艺术家商量做这样类型展览的事，但究竟做什么、怎么做，大家也有不同的想法，虽然想避开三年展、双年展这样的提法，做文献展或专题展之类的展览，但有一点非常明确，就是要做一个大型的当代艺术展，能够像上海双年展一样。尽管1996年和1998

年上海办的双年展并不太被看好，但仍然引起了较大的关注。2000 年，侯瀚如策划的双年展已经是一个比较成型的当代艺术展。我们觉得，广东美术馆也应该有这样的视野。2001 年 1 月，我去美国参加由 MoMA 举办的"亚洲国家美术馆馆长论坛"。其间我与巫鸿先生多次通话，基本确定了"首届广州三年展"的主题，后来又请黄专和冯博一等人加盟，还请郭晓彦来做三年展办公室的执行副主任，由此奠定了我们馆组织和策划大型当代艺术展的基础，并赢得了来自国内外同行越来越多的关注。

胡　震：您本来是做中国古代画论研究的学者，做了馆长后，您的兴趣更多表现在对当代艺术的研究上，这种兴趣的改变，有什么特别值得一提的机缘吗？

王璜生：我过去学的是中国画，后来学习中国古典画论，从个人学术背景来讲，也是比较传统和古典的。但我的性格中还有另外一种东西，它使我很早就对当下社会现实产生关注的热情和自觉的参与意识。1974 年夏，我在北京结交了一位很好的朋友，他叫刘小淀，后来我们一直靠通信来往，交流一些思想和对社会现实的看法。作为一个十七八岁的北京青年，刘小淀对人生和社会有很多很冲动的东西，在和他交往中，我的情绪也被调动起来。后来他又介绍我认识了"朦胧诗人"像江河等，"星星画派"的马德升、黄锐等，他们的思想锋芒加深了我对社会的认识和责任感。所以 20 世纪 80 年代初，我在汕头组织成立了"汕头青年美术协会"，从 1981 年到 1987 年一共举办了六次大型汕头青年美术展，组织读书学习小组、自由讨论会等，同时还编辑出版青年美术协会刊物，会刊以罗丹的《思想者》为封面，刊登一些年轻人的文章，可以说是做得挺轰轰烈烈的。记得当时"厦门达达"在厦门做活动时还给我们寄了资料。在做这些事情时，我看到了自己性格中反叛和特立独行的一面。更重要的是，1985—1986 年，我几乎一年的时间都待在北京，在此期间认识了不少人，也看了很多好的展览，印象最深的是劳申柏的展览。当时正是"85 美术思潮"热火朝天的时候，虽然我没有直接参与各种艺术运动，只是一个旁观者，但我还是在《美术思潮》上发表了题为"现代艺术：多样化的个性和模糊化的民族性"的文章，表达了我对现代艺术的理解和看法。这篇文章在当时应该算是比较有思想的。

胡　震：一方面，是对多元化个性的强调；另一方面，是对社会包括各种社会问题的介入。如果把它看成支撑您这些年来从事现、当代艺术活动的基本理念的话，那么随着时间的推移，这些理念到今天是否发生了变化？

王璜生：我觉得没有什么变化。我一直都坚持这样的理念。因为，艺术，尤其是当代艺术，不能笼统地讲它就是好的，当代艺术有好有坏。我个人认为，好的当代艺术一定是具有个人特色的，有自己的思想和智慧，以及个人的文化立场。另外，它一定是能够切入社会史、文化史或美术史并在其间构成自身意义的。

胡　震：在西方，无论是美术馆、博物馆专业领域，还是一般社会公众，他们都有这样一种共识：一个美术馆的馆长，应该是一位精明的学者，他对馆藏作品拥有挑选的特权，对作品的优劣负有不可推卸的责任。馆长的个人决定对广大社会公众欣赏和理解艺术具有深远的影响作用。在广东美术馆的实际操作中，您是怎样运用个人的影响让事情产生正面效应的？

王璜生： 我想一个人或一个机构，如果够聪明的话，一定不会只从个人的角度或者是一味主观地去做事情。广东美术馆十几年下来，展览做得比较有影响，能够将"广州三年展"这样的品牌延续下来，主要是我们一直重视和策展人、艺术家，以及来自各个领域的专家学者共同探讨，虚心接受各方面意见，同时形成自己的一些想法。在过程中把自己的想法融入其中，大家一起把事情做到一个新的高度。我个人认为，一个美术馆的馆长，实际上更像是一个编辑。编辑的特点首先在于发现可做的东西，然后能找到相应的专家，能够与专家对话。当然，不是说专家说什么就是什么。通过对话达成共识，最终把事情做好。在广东美术馆做当代艺术的这些年，我自己置身其中，在参与、对话和沟通的过程中，真正学到了不少东西。其实，对待收藏工作也是这样，广东美术馆的藏品就是在这样的共同探讨和坚持不懈中建立起来的。

胡　震： 您的比喻很贴切。在实际工作中，您与不同的策展人和艺术家之间的交流和沟通也充分表现了您的能力和智慧。众所周知，中国是一个办事特别强调"关系"的社会，面对各种复杂的"关系"，以及由"关系"带来的种种压力，您是怎样处理和把握这种平衡的？

王璜生： 其实，作为一个馆长，一般情况下，只能是把握大的方向去做好若干件大事——能够树立美术馆形象的大事，包括几个大展、几本重要的书，还有美术馆的刊物等。主体方向、主体形象一定要坚持。另外就是专业的水准和学术规范，包括展览的选择、布置，甚至是文字说明等都要严格按照标准和规范去做。在这过程中，有时会因为坚持而得罪一些人，包括自己身边的一些朋友。比如有些潮汕同乡画友有时会认为，你是馆长，为什么不能多照顾一下自己的同乡？我觉得只要不违背原则，该照顾的可以尽力，有些不能照顾的，也就只能得罪了。对待内内外外的各种"关系"，有时也只能尽力去平衡，但基本原则是不能没有原则。

胡　震： 作品的收藏，特别是重要艺术家的代表作品的收藏是评价一座美术馆优劣的重要指标之一。广东美术馆号称有多达两三千件当代艺术作品的收藏，在这样庞大的收藏中，有多少有分量的作品可以拿出来做个展览，与世界各国美术馆和博物馆进行交流和平等对话的？

王璜生： 应该说还是有很多的，当然不只是一个展览，而是若干个展览或板块。以当代艺术收藏为例，我们已系统收藏了如王广义、徐冰、蔡国强、张晓刚、岳敏君等一批在中国当代艺术发展中享有重要地位的艺术家的重要作品。如果拿出来做展览，完全可以像厨师一样炒出多盘很好的菜来。另外，在摄影方面，我们也有品质相当不错的系统收藏，在国际上也有很大影响。而当我们决定收藏摄影作品时，我们就开始了解有关摄影的收藏细节，包括印制的标准、摄影库房的标准，如何保护，以及温、湿度的掌控等问题，这些标准的确立，也极大地获得了艺术家的认同，并逐步形成一个有价值的序列收藏。

胡　震：与广东美术馆在国内外的影响相比，广东的当代艺术创作似乎有些不对称，甚至有些沉寂，您个人是怎样看待这个问题的？

王璜生：从当代艺术所能达到的高度来讲，我认为，广东的当代艺术创作还是很不错的。像"大尾象工作组"，像以黄一瀚为首的"卡通一代"，像"阳江组"和"维他命空间"等。这几年，年轻一代艺术家也逐渐活跃起来，发展趋势不错。至于作为广东当代艺术创作整体的影响力问题，我认为，一方面，广东处在当代艺术文化中心的边缘位置，这里的文化和经济氛围与北京、上海相比，很难形成像"798艺术区"那样的影响力和凝聚力。艺术家的创作相对来说比较个体化。另一方面，广东的艺术批评刊物实在太少，虽然有《画廊》杂志这两年在关注当代艺术并逐渐形成影响，但总体来说，与北京、上海依然存在不小的距离，这不能不说是件非常遗憾的事情。

王璜生：善泳者不畏水深

龙年岁末，《画廊》杂志先后采访了两位艺术界知名人物：中央美术学院美术馆馆长王璜生和泰特现代美术馆馆长克里斯·德尔康。两位馆长的个人经历和知识背景不同，在各自熟悉的系统内操作的方法有异，但在面对当代美术馆的功能转换、强化美术馆与公众互动的挑战中，两人不仅有着共同的理念，且在实操中累积了丰富的经验。在中国，公立或私营美术馆做当代艺术展览，大多是圈内人相互捧场，很少有公众主动参与和互动。这种现象在国内美术院校的美术馆中表现得尤为突出。走马上任的王璜生，深深地意识到"强化一个学院美术馆的公共意识，确立央美美术馆的公共形象"的重要性，一步一步地将一个受制于多种因素的学院美术馆打造成一个不失自身特色的面向社会公众的艺术交流平台。无独有偶，上任不久的克里斯·德尔康，之所以有足够的底气说出"每个人在泰特都能找到回家的感觉"，不仅仅是因为2012年泰特现代美术馆的参观人数达到530万人次，创十二年来参观人数的新高，更重要的是，作为泰特现代美术馆新的灵魂，克里斯懂得，今天的美术馆工作要把观众当作客户一样来服务，因为美术馆是由艺术和观众共同组成的，美术馆高高在上的传统理念已经过时了。现在讲究的是相互联系和包容，而不是相互排斥。

胡　震：从广东美术馆馆长到中央美术学院美术馆馆长，您在个人事业的高峰期选择离开并确定去北京，也因此吸引了圈内外更多的关注。时至今日，可否告诉我们当初您离开广东美术馆的真正原因？

王璜生：真实的想法讲过许多次了，那时候决定离开是因为觉得在广东美术馆工作了十三年，也该有所改变了。张子康最近卸任今日美术馆馆长时所表达的观点很能说明我当时的心态，你在一个机构干了十年，也该换换环境了。人就是这样，换种活法也许比惯性思维地一直走下去更好些。老实说，选择到北京工作的确存在许多未知数，但我的性格就是这样，不愿意墨守成规。再说，我人生中经历过多次漂泊冒险：曾一个人去到西域闯荡；曾骑自行车沿珠江一直到云南的源头写生游荡；曾在海南岛的原始森林中瞎转等。另外，我个人对中央美术学院非常向往，由于种种原因，我本科未能入读广州美术学院，所以对美术学院始终有一种情结。还有，在中央美术学院美术馆新馆落成开馆时，我作为嘉宾应邀出席活动，当时，我对这个美术馆的建筑及与央美的学术关系非常感兴趣，觉得这样的美术馆可能会有一种较强的学术力量和活力，这对我个人具有很大的吸引力。我在做"广州三年展"和广东美术馆时就表现出对学术研究的偏好，我在广东美术馆开馆前协助林抗生馆长制定美术馆的功能及学术方向时，就明确规定，"广东美术馆应该以学术研究为龙头，带动收藏、展览、公共教育及交流的各项功能和工作的开展"。到了北京，我希望有这样一种东西被延续，而央美美术馆具有很强的学术张力，与我向往的学术理想较一致。

胡　震：其实大家一直担心您能否延续您在广东的辉煌。从广东到北京发展的人很多，美术圈、电影圈、流行歌坛的都有，但真正成功的人甚少。有人说在北京难混，北京的江湖水深。对此，您有什么看法？

王璜生： 之前，有朋友也对我说过，北京是一个水很深的地方，我忽然冒出一句，"会游泳的不怕水深"，但怕的是暗流，有些地方水不深而暗流很多，这才可怕。另外，会游泳，更要提防自己脚抽筋，下水前一定要做好充分准备。20世纪80年代初，我在汕头工作，夏天的中午经常一个人在单位吃完饭，然后骑着自行车到海边游泳。汕头的海湾宽达2000多米，对岸是一个码头，停靠着很多小舰。我通常掌握好潮水流向游过去，在对岸小舰上看一会黑白电视，然后又游回来，水性还算不错。

胡　震： 回首三年多的北京生活，央美与您当初的想象有哪些出入？

王璜生： 在人生的每个阶段，不可能都计划和想象得特别好之后才去行动，而一般只能是边实践边调整边学习，在这样的过程和体验中有可能会遇到一些超出你的想象的东西，或者说是一种新的可能性，出现一种意想不到的新的意义。我在央美这三年多来，一方面按照自己曾经想象的或者希望的去努力，同时也在接受很多新的东西，包括调整自己的思路，实现一些超出自己预想之外的事情。有时候可能和自己原来想象的不一致，但我不会很纠结地说这个不行、那个不行，而是会想这也许是另外一种可行，它会给我带来很多的新思路和可能性。我现在的年龄和已有的经历告诉我，很多东西可以自在一些，没有什么是不可接受的，只要明确自己的追求和保持自己的理想就行。而追求和理想能否实现，那是另外一个层面的事了。

胡　震： 具体来说，您觉得特别有挑战性的事情有哪些？作为馆长，您是如何应对这些挑战的？

王璜生： 一个是2011年开始做的"CAFAM双年展"（首届主题为"超有机"），另一个是关注青年艺术的"未来展"，这两个大展其实都很有挑战性。首届"CAFAM双年展"是经过一个相对稳妥的考虑之后进行的，但在学术策划、理论阐释、展览结构、艺术家选择、空间处理，以及资金的问题等方面，有许多问题需要面对，需要解决。在整个策划的过程中，比较重视分寸感的拿捏和度的把握。现在准备做第二届双年展了，我想相对会放开一些。第一届双年展做完之后，我们，特别是徐冰，开始在考虑做"未来展"。"未来展"不仅是在关注年轻艺术家的成长，也是对中国美术教育制度这一系统的全方位的考察。这个展览我们强调现象的研究，我们用平和的心态从提名的作品中挑选一些案例进行研究性的策展。"未来展"在运作方式和美术馆立场等方面，得到社会较高的关注。

另一个挑战来自央美系统内部机制和人际关系等方面的问题，这使得你在工作的过程中必须去寻找一种适当的方式，尽量做得更好一点。其实，这里面还是有一些说不清楚的微妙问题。总之，人就是这样历练出来的。

胡　震： 在西方的历史文化背景下，一个人的才华、个性，包括种种冒险之举很容易得到认可，而在中国往往需要更大的勇气和更多的付出才能达到。刚才您谈到一些人事上的问题,这些问题的影响究竟有多大?

王璜生: 问题的大小取决于你的目标、要求的高低。我的目标没有定得太高,要求也不多,而我这个人的运气还算可以。我觉得一个人要是有自己的想法,机会一般会为有准备的人而来。比如说,我来到央美之后要求对藏品进行整理,因为央美的收藏历史将近六十年,它的藏品积累可能还更加久远,包括国立北平艺术专科学校(简称"北平艺专")时期的很多东西,但是北平艺专是非常模糊的一段历史,包括我们现在的藏品里面对北平艺专藏品资料的整理,其中都有很多问题。我来了以后就开始强调,一方面要为收藏做些什么,另一方要为展览做些什么。藏品工作首先从整理库房、档案及修复开始,强调藏品的历史梳理和未来向社会开放交流的必要性,为公众,为学者提供更好的服务。在具体的工作过程中,我们会发现很多"奇迹"。"奇迹"是为有等待的人而出现的,只要我们心存虔诚。比如,在整理库房的过程中,我们发现了李叔同的油画代表作《半裸女像》。李叔同的油画本来就很稀有,大家知道,目前确切存世的作品只有两件,一是日本东京艺术大学藏的《自画像》,还有一张就是央美这次重新发现的《半裸女像》。我们还考证了这张画的来龙去脉:李叔同1918年出家,这张画1920年便发表于《美育》杂志,其流传过程与上海艺术专科师范学校、丰子恺、刘质平、吴梦非、夏丏尊、叶圣陶等机构和文化名人有着千丝万缕的关系。1959年,叶圣陶先生将它捐赠给了央美,后来,据说,这张画"不见"了,叶圣陶对此一直耿耿于怀。而学术界一直知道李叔同有这件代表性作品,但是都不知道它收藏在哪里。现在,这件作品在2011年重新出现了,而它的收藏编号正好是"2011",这真是一个奇迹!

加大力度整理这些藏品的起因是在2011年的时候,当时要做一个辛亥革命100周年的纪念展览,北京大学(简称"北大")希望我来做策展,把北大的藏品和我们的藏品拿到澳门去展出。我就构想策划一个题为"那个时代的人,艺,事"的展览,北大拿出了一些蔡元培、胡适等的书法,我们就想从藏库里面找出一些民国初期的作品。在查目录的时候我看到一件李毅士的作品,工作人员说这张画在旧的库房里,破损很厉害,还发霉了,因此,藏品搬新馆库房时就没拿过来。我便亲自去旧库房查看,旧库房里没有空调,杂物很多,我一看这画状态还不错,于是赶紧让工作人员清理下,把这张画带回去进行修复。这就是目前在"馆藏北平艺专精品展"中展出的李毅士《陈师曾像》,李毅士是中国第一个留学英国的艺术家,回国后在北平艺专和上海美术专科学校等任重要教职。我觉得这也是一种"机缘",由这张油画开始我们加强对库房的整理,由此重新发现了李叔同、吴法鼎、张安治等人的不少作品。后来也做了北平艺专的相关展览,整理修复后展出了三十多件藏品。一些在央美任教了几十年的老教授看了展览后都很惊讶,说,这些很有代表性的作品怎么会在央美呢?他们都从没看到过!在这个对藏品的整理、修复、研究的过程中,我们得到了很多朋友的支持,这一点也让我非常感动。目前,这方面的工作只是一个小小的起步,大量的工作还在等待我们去努力。

胡 震: 美术史的专业背景,包括个人的历史意识和对艺术作品的敏感度,这些都是一个成功的美术馆馆长必备的素质和条件。

王璜生: 其实很多国外的美术馆馆长都是经营上的能手。我觉得西方社会的美术馆有较好的整体运营机制，比如说它的研究机制、策展机制、专业人员等，它的结构关系是较为完善的一套，社会上的基金会制度或董事会制度等，也构成一种共同的运作机制。馆长是在这样的一套有效而专业的机制中被选出来的，他在这样的位置上必须按这样的运作机制的规范去做事。也就是说，他必须在专业的规范和运营的社会监督机制下来工作。其实，中国的美术馆馆长所需的专业背景和素质，包括他出场的规则等，随意性和官场特色还是比较突出的。

胡　震：广东美术馆和中央美术学院美术馆，两者的功能目的、服务对象，以及运作的方法应该有所不同，您如何看待这种差异性？所做的调整有哪些？

王璜生：从广东来到北京，我的知识背景、对美术馆的理解和专业经验，自然会把公共美术馆的公共意识带到一个学院的美术馆中来。三年前刚来的时候，我首先意识到的是要强化一个学院美术馆的公共意识，确立央美美术馆的公共形象，包括学术形象。于是我首先成立了一个公共教育与发展部，面向社区，面向社会。这样一步一步地做下来，大家就不会认为它只是一个美院的美术馆，而是一个面向社会的艺术文化交流平台。就公共服务这一块的思路而言，我的想法也和以前不同，我觉得一个美术馆应该有它的特色，我在这方面的定位是打开校门，为社会服务，利用我们的所长先做好北京高校的联盟，走进学生会，因为美院和其他高校之间的互动性很强，美术馆的展览也是具有很强的学术性和跨界性的，对其他高校的学生来说有吸引力，然后利用周围资源慢慢地走向社区。在这个过程中，我希望建立一个更长远的更高标准的为公众服务的美术馆，在这个公共空间里有效地让各种高端思想获得一种碰撞、共鸣、共生的可能性。这是我的一个理想，还需要慢慢去实现。

胡　震：在全球化背景下，我们讨论一个美术馆的公共性问题，在很大程度上都和与西方的参照有关。您一直很重视国际化展览的交流，在此运作中，您认为中西方的差异主要表现在哪些方面？

王璜生：我觉得中国在策展、美术馆管理、理论研究、美术史书写等方面还是做得很不够，与世界的距离太大。我这次去参观今年的卡塞尔文献展，这个展览提出的学术、文化、政治的问题，以及展览的结构、布展的视觉效果、展览的运作方式等，很让人惊讶和佩服。我觉得这是机制的原因。我下午在跟研究生讲课的时候说：我们谈美术馆赞助和社会运作，其实最大的差距就是西方人有一个对文化的认同基础，对美术馆这个行业有一个社会认同，所以他们会经常带着小孩子去美术馆，美术馆也愿意和应该投入精力和资金为公众服务。同时，有政府的免税政策和赞助政策的支持，得到资金支持后还有基金会等的社会管理，怎么样支出，怎么样使用，让社会监督，透明度很高。这一系列的机制较为完整完善，一环扣一环，因此能较好较专业地运作起来。而中国，首先是没有这种对美术馆的社会文化认同感，有时候我们要检讨自身，我们多长时间没有去过美术馆、博物馆了。还有，我们的美术馆也缺少政策的支持，美术馆内部没有很好的管理机制，这其中存在着很多的问题，所以距离很大。

胡　震：为了缩短这样的距离，我们一方面引进西方的资源，另一方面通过输出，主动与西方对话，从而使我们的境况发生了一些变化。央美美术馆在展览这方面未来有没有什么具体的交流计划？

王璜生：我从两个层面来谈，首先说现状的问题，近两年我们也举办过不少的展览，国内国外的都有，但是我们看到国外引进的展览都是比较被动的，而主动引进国外重要展览是极少的，可能性也较低。今年，我们试图主动出击，组织中国的学者和策展人做博伊斯的展览，探讨他对中国当代艺术的影响，以及中国学者对这段历史及博伊斯有什么样的态度等。虽然做这个展览有着种种的限制，特别是展品的问题，没办法跟国际水准相提并论，但这毕竟代表着我们主动出击的作为。其次，谈谈我们的艺术文化输出问题。其实这里要考虑的是，我们要输出什么，能输出什么。另外就是对方的接受程度，能接受什么。一系列的问题都需要好好地思考。这几年也不乏中国的当代艺术展走出去，背后虽然有一些重要机构在支持，但就现实状况来讲，展览的数量并不多，效果和影响力，特别是学术影响力没有想象的好，因为这里面涉及很多的因素！比如去年威尼斯双年展上的"中国馆"，它是一个国家项目，其他国家馆也都是本国文化输出或者说一个亮相。我们这次做得实在有些无言，无论是场地、形象、宣传、场面，还是展出的作品、制作及展示等，实在是有点寒酸，这涉及资金后盾、资金资助、运营及主办、管理者、意识的种种问题。

在我的展览生涯里，文化输出方面做得有点意思的是在广东美术馆时做的"中人本：纪实在当代"大型摄影国际巡回展。展览在德五家国家艺术博物馆和英国、美国、法国的美术馆及机构展出，由他们主动提出并组织，展览展出之后，国际影响大大提高。其实，国外的美术馆特别想移植这个展览过去的原因是，展览让外国人看到中国人敢于面对自己的人生，面对自己的社会，敢于体现中国人的这种非常个性化也人性化的一面。

胡　震：这几年，央美美术馆的展览和活动做得有声有色，规模和影响都很大，这是否意味着资金的投入也相当可观呢？

王璜生：这几年，央美美术馆的确做了很多的活动，与国内很多美术馆相比，我们投入的资金要少得多。我一直坚持的是有限的投入和最大的产出，我在广东美术馆时也是这样。广东美术馆历年来做了那么多的事，展览、出版、研讨会等，很多人说我们的钱很多，其实并不是那样。上面我已经提到中西方美术馆运作机制差异的原因，可是面对缺失的认同感、政府政策、基金会制度等链条，我们该怎么来运作呢？只能想办法进行中国方式的合作和融资了，就是找到一个所谓的资源共享的共同点，双方结合，发挥最大作用。这其实是一个很微妙很有智慧的"游戏"，我们希望既能坚持自己的学术及人格立场，又能得到社会的支持，又同时能为支持者做些什么，还要做得合理而规避风险和那些莫名其妙的东西，真的太难了！但我们就一直这样摸索着走过来了。

我们要认清自己的资源所长和彼此的需求，比如说，学术背景、藏品资源、品牌效应等，与社会支持者的需求能有一个良好的结合。我一直谈到在广东时做的一个很成功的例子——"时代美术馆"。在"第二届广州三年展"期间，这个馆从设计到建成，包括后来运作，以及由此项目赞助商对广东美术馆的支持合作，还有所产生的学术和社会影响力等，确实是一个很成功的资源共享的案例。在央美这边，做"首届CAFAM双年展：超有机"时，也非常有意思。有一个支持机构希望做一个未来收藏家培训计划，培养未来收藏家，其实这也是我们美术馆机构应该努力去做的事，学院美术馆有着别人没有的资源，比如说师资、人才、学术资源、空间资源等，对方有资金，目的也是一致的，这样就能完成一个很好的合作。

胡　震：前些时候，OCAT公共艺术展览计划遭遇的突发事件引起了广泛的争议，对于此事您是怎么看的呢？

王璜生：昨天希克在我们美术馆的"博物馆与公共文化论坛"上提出个人收藏和公共记忆的问题，很有意思！作为个人收藏，他有他的兴趣偏好和侧重点，还有局限性。而当这样个人的收藏进入公共美术馆的收藏时，藏品在这样的公共领域里才可能通过这样的平台逐渐建立起与公共历史文化相关的记忆。这里面隐含的是个人收藏最终会走进公共记忆里，最终由历史来判断。刚才你们谈到OCAT遇到的突发事件，我对这一事件不太了解。作为一个企业，它去进行美术馆的运作，尽管它可能是出于"公益"的目的，但是，企业所代表的"利益集团"形象，以及可能潜在的利益猜想和它的利益背景可能发生的问题，企业形象的运作与业主之间产生的矛盾等，艺术家参与这样的活动后，普通公众对这样的活动的理解有可能并不是以一种真正的文化的方式观看你，这里有可能产生一种理解偏差，这就可能造成一种误会和冲突。我觉得如果做一个企业的美术馆，在运作方式上有很重要的一点，就是要将利益的背景和文化的愿景分开，而使一个公共和公益的空间能够更纯粹。

胡　震：2012年，国内新建成的美术馆不少，面对即将挥洒拳脚，一展宏图的美术馆馆长们，您有什么建议？

王璜生：我们首先要深深意识到中国的美术馆事业任重而道远，不能过于乐观，假如决心做这一行，就必须认真负责任、踏踏实实地走好每一步，有时候还要放弃很多东西，但是要有一颗恒心。同时，要自觉地遵从行业和专业的规则，保持专一自律的精神。

胡　震：我知道您一直很重视当代艺术收藏，最后能谈谈央美美术馆的收藏情况吗？

王璜生：面对不同的情境，遇到的问题也不一样，来到央美以后，我也一直在推动当代艺术的收藏，当然，收藏的是跟与央美有关系的艺术家的作品。收藏是一个细水长流的问题，我们要针对央美的特点和优势赋予它新的收藏意义。目前我们准备在中国美术馆做一个展览，全国十大美术馆要拿出最有特点、最好的作品在中国美术馆PK。我想，我们能拿出什么有特点有影响的东西呢，虽然我现在正在做北平艺专民国时期油画的展览，但在某种意义上讲太学术了点，在中国美术馆，普通大众的兴趣可能不是特别高。另外，我考虑我们的所长，于是想出了一个专题——"新中国美术的青年时代"，找出了我们馆藏各个时期优秀艺术家青年时代的作品,借用马克思的话来说就是,"一个时代的精神,是青年代表的精神;一个时代的性格,是青春代表的性格"。

这是一个很有方向性意义的选题,它总结了中央美术学院美术馆的收藏最主要的特点,同时,也开启了我们馆的一个收藏的线索,赋予了它艺术史的重要意义。

克里斯·德尔康：美术馆＝艺术＋观众

胡　震：您在"2012中国当代艺术奖"新闻发布会上的表现给我留下了深刻印象。您没有像其他评审委员那样照着稿子念，而是在现场即兴发言。您为什么不像别人一样念稿呢？

克里斯·德尔康：因为我忘记有写好的稿子了。我不知道他们要我说什么，所以我就临场发挥了。我认为，说话是为了交流，我感觉现场的人们等待的不仅仅是信息，还有其他的东西。我坚持自己的观点，我觉得这很重要，因为今天的艺术世界很像脸谱网（Facebook）的二元对立状况——"我喜欢或我不喜欢"。我听到很多人说"我热爱艺术"，然后说完这几个字就完事了。总的来说，艺术世界就像充满热情的泡泡，在这里只有热情，而几乎没有批判性的余地。艺术的象征意义正是被这种状况而非它的商业价值所减弱的。欣赏戏剧、电影、文学要复杂得多，因为要花更多的时间。有些人喜欢艺术常常是因为他们不需要花多少时间，只要说"喜欢"或"不喜欢"就足够明了，足够让人觉得他们有鉴赏力了。而我恰恰相反，我尤其感兴趣的是我所不了解或不理解的东西。我喜欢不同的东西。比如，我喜欢慢电影。周滔的作品有时会让我想到阿彼察邦·韦拉斯哈古、蔡明亮等电影制作人。今天，慢节奏是非常重要的。我们要专心。读书、看电影、听歌剧都需要时间。需要你的时间！我觉得这种专注在所谓的"艺术爱好者"身上很难找到。他们看完一个就马上跳到下一个。因此，不管是威尼斯双年展还是上海双年展，艺术家们都要尽力吸引观众。他们要在几秒钟之内抓住观众的眼球，否则他们的作品就等于不存在。这在很大程度上影响了艺术作品的形式和内容。当然，这种影响是负面的。

胡　震：遗憾的是，现在有一些艺术家为了抓住大众的眼球，而一味创造迎合观众口味的艺术。

克里斯·德尔康：这也是许多艺术家们创作大型作品的一个原因。不管是在东方还是西方，艺术作品越做越大。我认为，规模不等于体积，不等于扩大物体。规模是一种人类现象，而体积经常只是单纯的经济现象。但是已经有一些艺术家开始缩小作品的规模。而缩小规模不一定就意味着创造小的东西。规模不等于大小，它既可以大，也可以小。有的时候，你甚至都无法区分大和小。

胡　震：能否举个例子进一步解释您所说的"规模"？

克里斯·德尔康：我认为香港艺术家白双全的作品就是很好的例子。他的作品的规模是不确定的，往往取决于观众的感觉。一些艺术作品甚至超越了物体，从而关注人类关系，比如德国艺术家提诺·塞格尔的作品。从这个角度讲，艺术是一种精神和身体运动。但也有许多有意思的艺术回归手工制作，用诸如瓷、纺织品等材料进行创作。我并非鼓励"贵重"的观念,笨拙的东西也可以很美。

胡　震:的确如此。
克里斯·德尔康:这让我想起大卫·哈曼、理查德·塔特尔的一些作品,也让我再次想起周滔的作品。这些作品就像我们法语所说的 bricoleurs,英语称为 bricolages,你们中文怎么说?

胡　震:我觉得它是指并不完美的东西。
克里斯·德尔康:对。这种不完美很重要。它是一种崇高的美。你可以在当代时尚中看到它的身影,比如在川久保玲(Kawakubo Rei)和安·迪穆拉米斯特(Ann Demeulemeester)的服装中都可以看到。我不喜欢一些所谓的艺术品的那种完美,除非艺术家所呈现的完美有所指,比如沃尔特·德·玛瑞雅就是这样。我必须能感受到某种人类现象,我就是这样。一个好的馆长必须有自己的眼光。但我觉得我既不是掌控趋势的人,也不是星探。你没必要总是为他人着想。有的时候,我喜欢的东西别人都不喜欢,这是好事。然后我想,这正是我必须做这些或那些的原因。当然,人都会犯错。但我们的确需要冒险。我不是那种说"你不理解就不理解吧,那是你的问题"的人。我喜欢辩论,从而说服别人或被别人说服。在美术馆里,确定一个展览后,工作就开始了。我们必须向人们解释东西。公共项目是展览后续生命的很大一部分。所以我的工作真的很有意思。在泰特现代美术馆,我每年为 500 多万人提供服务。没错,我说的正是"服务"。美术馆 = 艺术 + 观众。今天的美术馆关注的是相互联系。那种敬畏、震惊、分离的时代结束了,我们该做的都做了,现在讲的是相互包容。这是我正在努力做的。

胡　震:没想到泰特现代美术馆的馆长是这样一位厌倦常规、总是对有挑战的东西感兴趣的人。
克里斯·德尔康:我喜欢冒险,有计划的冒险。我在慕尼黑"艺术之家"的时候,我们制作了很复杂的作品。在我们空间的里里外外展出。我们也参与了阿彼察邦·韦拉斯哈古的《波米叔叔》这部电影的制作。两个项目都获得了巨大成功。这些展览是观看度最高的展览之一,而阿彼察邦的电影则在戛纳获得了金棕榈奖。美术馆还是自由的,在这里还是可以做这种事情的。今天的艺术大多是柔软多孔的;它蕴含了一种开放性。这样的艺术可以吸收许多东西。但这块海绵不能太湿或一直饱含水分。我的意思是,许多艺术都在模仿其他学科,比如设计、建筑等。艺术的开放性也可能是危险的,而且常常产生有缺陷的艺术作品。

胡　震:您所说的"酷"是指什么呢?
克里斯·德尔康:在我看来,"酷"意味着有交流和共同点。它不是愤世嫉俗的,也不是用来表达愤世嫉俗的手段。你想看愤世嫉俗是怎么产生效果的话,可以看真人秀或选秀节目。但是患塞也可以成为一种聪明,从而变"酷",比如昆汀·塔伦蒂诺的电影中的"愚意",那种不需要头脑只需要金钱的艺术甚至连"愚套"都算不上,而是纯粹愤世嫉俗的。

胡　震：这是否意味着泰特现代美术馆（简称"泰特"）将举办更多聚焦于这种"酷"的艺术的展览呢？
克里斯·德尔康：是的，我们已经这样做了。我觉得罗伊·李奇特斯坦和梅莎科·戈巴就非常"酷"。我们是世界上最"酷"的美术馆！

胡　震：我明白了。
克里斯·德尔康：我们美术馆很民主，在泰特，每个人都感觉像是回到了家里。泰特是提供许多不同相遇机会的地方。我们刚刚开了"油罐"空间，这是一个用于表演和基于时间的艺术的多功能地下空间，在这里，人们可以亲身参与，甚至参与到艺术作品的创作和表演之中。诸如波利斯·夏马茨等编舞者会邀请观众与他的舞者一起排练。于是，美术馆的确成了一个进行头脑和身体训练的地方。我们受委托制作过提诺·赛格尔的"These Associations"。在那次活动中，演员和观众相互融合，亲密交谈。泰特不能只是一个艺术品的"被动"接受场所，这是泰特想要并且必须避免的。泰特就像一个城市购物广场，许多不同的观众都可以进行交流，这其中既有年轻的孩子和"城市酷族"，也有专业人士和名人。美术馆可以提供一种奢侈的体验，即你可以想来就来，想走就走，你决定自己的兴趣和时间。的确，美术馆涉及许多决策过程，涉及学习如何做决策。我们往往忘记或者被迫忘记决策这件事。生活中常常有许多人为我们做决定，从政客到工业家再到银行，都把决定往我们脸上抛。因此，美术馆的重要任务之一就是教我们的孩子如何为自己做决定、如何与他人一起做决定。从艺术家身上就可以学到这种自我组织能力和自强精神。

当艺术家说"我画完了"时，他做出的是一个重要的决定；当他说"我决定把这个和那个放在一起"时，他做出的也是一个不小的决定；当他说"我决定毁了这件作品"时，这也是个很不容易的决定。

这些决策过程都具有很大的教育意义。所以，美术馆不仅仅是欣赏或进行美学批评的地方，还是许多不同的人相聚在一起思考和谈论自身存在的地方。我的意思是，我们中的许多人正过着不安定的生活，甚至有许多人在自我剥削。许多富有创意的年轻人被迫相信，不求回报的工作是正常的。热情变成了一种自我剥削。因此，美术馆既能给人带来安慰，也能给人带来不安。它应该是一个拥抱风险、拥抱不完美事物以及未知事物的地方。这正是现在美术馆如此吸引人的原因。要想使这种吸引力发挥作用，我们需要更多结合新旧事物的美术馆。这意味着在个人层面能感受到自由，理解当今的限制或冲突是能够促进这一进程的。这也是个人需要继续收藏的原因之一。曾经年轻的事物很快老去，与消费社会不同的是，在美术馆，这是好事。因此，你不能在明星出炉前停止收藏，也不能在波普艺术狂热期前停止收藏。只有能够加强公共记忆的公共美术馆才是公共的。中国的美术馆要考虑这一点，这样才能得到他们自己的观众的重视。美术馆既涉及人类现象，又涉及当代哲学——中国人至少假装对后者十分在行，那就展示出来啊！我喜欢把美术馆和古希腊人所谓的 kairos（即时间天赋）的时间观念结合起来考虑。

胡　震：是啊，对于一家公共美术馆来说，努力与公众建立良好的交流是十分重要的。作为馆长，您得和那些资助美术馆的人保持良好的关系，同时收藏能代表美术馆的艺术作品。您觉得与公众交流与满足资助人要求之间是否存在矛盾？

克里斯·德尔康：我经常把美术馆比作章鱼。章鱼既是速度最快的，也是最慢的动物，它们很聪明，动作既优雅又混乱，它们有许多触角。美术馆是一个充满矛盾的地方。但我们要在矛盾中工作，而非与矛盾对抗。我们既要吸引大众，又要笼络富人。我们必须迎合年轻人和老人的口味，也必须将已知和未知并置一处。艺术意味着常常改变参数。艺术是展现无非量化性和分歧的完美主题。因此，美术馆与议会、工业、银行甚至大学很不一样。那么，私人美术馆和公共美术馆之间有何差别呢？我们应该是慢的，应该被允许具有矛盾性和混乱性，我们必须考虑到连续性，确保公共记忆的存在。我们还应该是辩论的地方！公共美术馆就像长征！但是我们也必须讲求实际，寻求或试验开展新形式的公共—私人合作关系。乌利·希克与香港 M＋博物馆（简称"M＋"）所建立的公共—私人合作关系就是一个典范，双方都能从中受益。然而，至关重要的是，艺术和观众必须是最大的赢家。希克深知这一点，对于要为中国这个"新"国家的艺术和观众做些什么也有非常实际的认识，他更了解的是短期影响以及由此产生的私人收藏和私人美术馆的可持续性问题。私人收藏者是重要的艺术中介，对于前卫艺术来说尤为如此。但有一个条件，即象征价值和经济价值必须携手。最近，我们在太多看重经济价值的私人收藏中看到了太多艺术。可悲的是，许多收藏者毫不知晓他们在做什么。那些所谓咨询师的歇斯底里的调度和知识匮乏让我觉得实在可笑。泰特也在寻求和试验与私人捐献者和赞助者开展合作的新形式。我们必须这样做。我们必须从错误中学习，必须为艺术和观众准备一种"新交易"。在这个方面，乌力·希克同样是个好榜样。我并不觉得中国的私人美术馆已经能够呈现同样的"公共勇气"。然而，我听说中国已经进行了很好的尝试，比如深圳、上海以及在西安开办的 OCT 当代艺术中心。中国的新型公共美术馆是否会展现与 M＋相同的专业组织能力、艺术胆量以及深度学术性呢？时间会告诉我们答案。缩小规模是我们可以向 OCT 当代艺术中心学习的第一件事，这样才能更加精确。也许未来我们会有勇气缩小美术馆。

胡　震：是的。1996 年，您在蓬皮杜国家艺术文化中心举办了一次展览，其中展出了中国艺术家黄永砅的作品。

克里斯·德尔康：我在 1996 年的"面对历史"展览的当代部分中展出了黄永砅的作品。我认为他是一位中国甚至国际的重要艺术家。此前，我在鹿特丹与倪海峰以及一些中国电影制作人曾有过合作。影展策展人马可·慕拿让我见识到了中国电影，后来艺术家林荫庭、出版人郑胜天以及世界著名的中国画修复专家华伦天娜·玛拉比尼也让我拓宽了眼界。我爱上中国水墨画正是因为华伦天娜·玛拉比尼。雷姆·库哈斯、泰特策展人马可·丹尼尔都是我的"中国"老师，更重要的还有乌力·希克。对我来说，中国文化一直都很重要，不管是过去的还是现在的，不管是在电影，还是在视觉艺术、工业设计和建筑领域，都如此。我跟您说个我个人的故事。我 70 年代中期在荷兰莱顿学习艺术史的时候，我最好的朋友多米尼克·德克勒克修了汉学课。他后来成了有名的学者。在莱顿的时候，他有一位非常漂亮的中国女友，后来他们结婚了。因为她，我当时也想学中文。后来我成了一名毛泽东诗词的英文翻译了。学汉语就止于此了。但是我对中国仍一直保持着强烈的兴趣。我一直都在看王兵和其他中国电影制作人的电影。您还可以看到颜磊2000年画的《策展人》上有我的身影，这幅画现在被希克收藏了，从某种意义上说，我是属于中国的。我迫不及待地想要看到马丁·帕尔即将出炉的有关中国的摄影选集。明年秋天，我会到杭州与萨拉·马哈拉吉讨论纺织品。我对中国的一切都具有不可遏制的渴望。

比利·考维：视与听的神经延展

比利·考维（Billy Cowie）出生于苏格兰，是著名的作曲家、舞蹈编导、电影导演和作家。结合自身多重身份，他将舞蹈、表演、摄影和目前最为火热的 3D 技术融合到创作中，不仅冲破了传统装置艺术和观众的距离感，更在视听方面拓展了艺术的可能性。10 月 16 日，广州 53 美术馆举行了"东张西望"展览，展出了他和本土艺术家冯峰的作品。在这场展览中，比利·考维用他的两件作品《以肉体之名》（*In the Flesh*）和《独自幻想》（*The Revery Alone*）为广州艺术界提供了一场别开生面的"视听艺术盛宴"。

胡　震： 我知道您今年一直在世界各地做作品巡展。截至目前，您总共到过多少个地方？

比利·考维： 如果只算今年的话，截至目前，我去过日本的东京、意大利的都灵、阿根廷的布宜诺斯艾利斯、巴西的圣保罗，然后我抵达香港，现在来到广州 53 美术馆。离开广州后会去罗马和阿姆斯特丹，再去纽约……很多的城市以及很多的国家。

胡　震： 不同文化背景下的观众对作品的反应会很不一样吧？

比利·考维： 基本上所有的观众都会对我的作品感到惊讶，对于他们来说，我作品里的人物是真实存在的，这是他们始料未及的；而在一些相对保守的地方，人们会对我的作品里出现裸体表示担忧，成年人会禁止孩子们观看我的这些作品。为此，我也准备了另外一个版本。这就是所谓的文化差异吧，但我认为这是正常的。还有就是来自不同文化领域的观众对作品的含义也会出现不同的理解：像在日本，观众们会注意到我把作品投放在白板上，而表演的人物本身又穿着一身白衣，他们就觉得这是一种纯洁的表现，他们喜欢这种方式；而另外的一些观众，他们的关注点则在表演者的舞蹈上，他们喜欢关注舞者肌肉的变化以及身体的线条。我会运用一些特殊的技术如三维效果等，所以当观众进入空间后，注视着舞者，同时也被舞者注视着，那种感觉就像你和她之间没有界限，如此亲密，她是如此需要你的拥抱。对于观众而言，这样的体验并不多见。不过，值得庆幸的是，他们都能够读懂我作品中那种情感上的紧张与沉重。

胡　震： 您和广州的观众交流多吗？有人说，如果不用三维的方式呈现，您的作品魅力会大大降低。您认同这样的说法吗？

比利·考维： 在 53 美术馆，我向来到这里参观的观众们展示我的作品，他们向我表达了一些他们的观点。有些观点让我感到惊讶，因为那些是我从未考虑过的，但是我并不觉得这有什么问题，每个人都可以自由地表达自己的观点。我通常是一个人进入放映空间，这种感觉非常好，因为在这里你能得到的最好的感受都来自你的内心。一遍又一遍地播放，每一次的观看都是一种全新的体验。有时候观众在看完表演后，会给出一些让我感到万分惊讶的观点，即使我不能百分百感同身受，可那种感觉就像你在画廊里，却面对着一幅让你感觉很不对劲的作品。当然，这对画廊来说很不尊重，但这就是人们的真实感受。所以对我来说，听到一些自己意料之外的东西，是一种很好的体验，这些东西会让我那些不是很明朗的思绪更加清晰化。

胡　震：当您在世界各地巡展时，您也会像这次在广州这样同当地的艺术家进行合作吗？

比利·考维：这并不容易，因为各地的艺术家都有他们特立独行的个性，他们很坚定并且知道自己在空间上会有些怎样的特殊需求，如果我只能得到比较小的空间，这对我的作品来说真的不够。像在艺术节上，我们也会想一些特殊的办法来展出作品，比如在街道上的小亭子里，人们可以路过，然后停下来进去观看几分钟，这种形式对于观众而言也许更容易接受，毕竟他们不用专门跑去某个地方观看展览。有时候，我们会在很大的空间内展示我的作品，这样观众们就可以更加近距离地看到那些栩栩如生的舞者；而有时候，我们只在很小的空间内展示，就像在巴西展览的时候，我把作品投放在桌子上。现在我正在尝试另一个表演项目，这个项目选取在高层建筑上表演，舞者们以天空为背景进行表演，他们看起来就像是跳伞运动员，这是一个非常值得尝试的项目。

胡　震：在不同时空中进行多样化尝试，挑战艺术创作的局限性。

比利·考维：某些项目需要更多的实验，这也是我花费大量时间和精力的地方，但更多时候我都是在工作室或者自己的房间里做这些工作。

胡　震：您对53美术馆这次将您的作品与知名艺术家冯峰的作品一同展出有什么看法？对您来说这是一次特殊的体验吗？

比利·考维：首先要感谢53美术馆为这次展览所付出的一切，要在短时间内建造出这样一个漂亮并且偌大的展览空间是非常困难的。在这种开阔的空间内，我可以完整地按照真人大小的尺寸去展示自己的两件作品。因为我的作品需要使用投影仪和音响设备，所以对场地的要求可能会高一些。我在其他地方进行展示，有时不得不因为场地的限制而进行调整。不过有趣的是，我的作品可以根据场地的大小进行不同尺寸的展示，这将影响降低到了最低程度。其次，与别人进行合作展出是非常难得的经历。虽然我和冯峰教授的艺术创作方式并不是很相似，但冯峰教授是位非常出色的艺术家，他的作品很富有戏剧性，给人一种很坚实的感觉，我很喜欢。这种独特的展出方式让我感觉每一件展出的作品都是与众不同的：你先在一个展厅里看到一个充满戏剧性的表达，然后再去到另一个展厅里感受另外一种艺术表达方式。冯峰教授的作品给了我很多新的创作灵感，我想我下个作品一定会受到他的影响。我经常同来自不同地方的人进行交谈，并把一些灵感带入我的创作中。

胡　震：两位艺术家的作品放在一起进行展示，让我们看到东西方艺术家在全球化背景下,面对各自问题所采取的不同立场、态度和解决问题的方式。将这种差异性和对比性投放到同一个展览中,会非常引人关注。

比利·考维:是的。当我第一次看到冯峰教授在美术馆的装置《W 喷泉》时,觉得非常有意思,有些难以置信的感觉。那种感觉就像是乘坐着时光机回到了过去,回到了某美国快餐店在成立之初考虑名字时的情景。这个装置是倒置的某美国快餐店商业符号字母,并且会喷出水,这也让我回想起来,某美国快餐店店名其实是个苏格兰名字。在苏格兰的某美国快餐店里,我们并不出售汉堡,我们只出售咖啡和茶。在我看来,这是对文化盗取和侵犯的讽刺,美国人要是看到这件作品一定会感到尴尬。我作为一个西方人,则选择了三维这种技术化和大众化的方式,因为它对于专业认识来说具有一定的学术意义,对于普通大众而言,它还具有娱乐性。

胡 震:事实上,很多中国观众在看到您的作品后第一反应就是惊讶,然后会忍不住拿您的作品去和冯峰教授的作品进行对比。很多人都认为,您和冯峰在观念和技术表达上还是各有所侧重的,不知您对此的看法如何?

比利·考维:或许真的是这样吧。我想等我更老一些,开始思考一些与人类学有关的东西时,我会在作品中融入更多有关人性探讨的话题。也许这样做更私人化一点,但我喜欢在不同领域进行尝试,就像在我年轻的时候,20 世纪 90 年代初期我的作品是很政治化的。我曾经做过一个讽刺当时的首相撒切尔夫人的短片,让五名舞者打扮成英国首相的样子,出现在短片当中,这在当时引起了很大的轰动,因为它是一个带有一定讽刺性和政治性,以及有些偏激的影像。我想如果我还年轻的话,也许还会去尝试更多这样的想法。不过,后来我开始转到关注人类自身复杂的情感问题上。另外,我想这也和艺术创作的自由度有关:西方国家的自由度相对比较高,比如在英国,您可以依照自己的意愿去表达自己,而且表达方式也有很多种,就像我把裸体放入作品当中,观众们观看后也不会觉得难以接受;但是在相对传统的国家里,这是无法想象的。

胡 震:您的作品中既有音乐舞蹈,又有影像以及三维技术,您是如何定义自己作品中这种融多种媒介于一体的混搭方式的?

比利·考维:也许我的作品很难被准确归类到现有的任何一种艺术派系当中。如果你认为它是电影,那么它包含音乐、独白、舞蹈、拍摄以及三维技术,我用这些东西填充我的作品,让它们彼此融合成为一个整体,使作品变得更加丰满。有时候,我甚至是个控制欲很强的人,要求作品必须严格按照自己的想法去创作。因为在我看来,舞蹈和音乐必须彼此契合,如果由别人来负责音乐创作部分,这种契合度会降低。如果有些工作的确是我独自无法完成的,我就会尽力向工作人员阐述我的想法,以保证作品的完整统一性。

胡 震:如果让您选择一个词来定义您的作品,比如说"舞蹈影像"或"舞蹈影像装置"等,您更倾向于哪一个?

比利·考维:我这种创作在英文里暂时还找不到一个比较合适的词来形容,但是德语里有一个词组 insgesamt kunst，源自伟大的戏剧家理查德·瓦格纳。他为自己的歌剧创作词曲，并且自己设计服装道具，几乎包揽了所有工作。

胡　震：在瓦格纳所谓的"总体艺术"概念中，艺术家得亲身参与作品创作中的每一项工作、每一个场景设计、每一件服装，注意控制每一个细节。

比利·考维：我想我甚至做得更多一些，有时候我会亲自参与表演，还有音乐、台词、拍摄手法以及每一项工作。当然，就像我们刚刚提到的，我还是会去寻求让各种元素更加自然融合的创作手法，要使作品中的舞蹈更加契合其他元素，同时又要使其区别于普通的舞蹈，也许舞者所展现出来的东西初看起来会让人觉得有点奇怪，但这正是我想要的，让我自己感到惊讶的作品。有时候，我也会想给自己一个惊喜。我想我会尝试去改变一些舞蹈或者传统的表演方式。我现在正在筹划将艺术舞蹈与行为艺术进行有机结合，这样观众就能与表演者近距离接触，并且充分感受到表演者所要传达给他们的思想。对我而言，我会在这一分钟里产生一个创作想法，但可能会在六个月甚至一年之后才会去付诸实施，又或者我已经在实施另一个创作想法了。所以，下一次我可能会说：哦，我并没有想做这个，这个作品并不在我的计划当中。我更喜欢这样的工作方式。而在创作过程中，我所要做的最重要的工作，就是使这个作品中的每一个元素都看起来与众不同，包括视觉效果、拍摄手法等。就像您所看到的，他们都是独一无二的，因为我不喜欢重复自己，去进行二次创作。

胡　震：与达明·赫斯特等英国当代艺术家相比，中国观众对您知之甚少，能否介绍一些您个人在英国当代艺术圈的情况？

比利·考维：目前英国存在的最大的问题就是，所有的事物都过于墨守成规。舞蹈永远都是它原来的样子，之前我创作过一件舞蹈作品，但并不是很受欢迎，因为里面的舞蹈并不是人们观念中的那种纯粹的舞蹈，我还加入了不少其他的元素。在英国，如果你想创作一件与舞蹈有关的作品，那么观众们可能就会希望你的作品里只有舞蹈。我去过德国和荷兰，那里的观众很愿意去观看任何作品，他们喜欢这种创作方式。而在英国，一切事物都与他们的过去极为相似，音乐就是音乐，形式就应该有古典、传统以及民乐。所以音乐人不喜欢我的音乐，因为他们觉得那种音乐并不属于真正的音乐；同样，电影制作人不喜欢我的影片，因为他们觉得我的作品有时候看上去像色情电影。

胡　震：或许正是这样才使您的作品与众不同。最早采用三维技术创作的作品是什么？

比利·考维：2003年创作的《镜子里的人》，它是运用三维技术创作的，尺寸是等身大小，但是技术不同于现在我所用的三维技术。与我这次在53美术馆播放的短片有些不同，在一个表演者的后面，有四扇窗户，那种感觉就好像你可以看透所有的窗户。整个影像大概有25分钟长，有对话，有独白以及舞蹈。我当时想用它表达一些对于生活的看法：你永远不知道生活的开头和结尾在何处，对你来说，生活有时候给人的感觉是持续不停的。直到现在，我还经常在一些画廊里播放这段影像。

胡　震：表面看来，您在尝试文学、音乐、舞蹈、影像以及三维技术等各种媒介的融合和转换，实际上是在不断寻找一种适合自己的表达方式。就目前创作来讲，您认为自己找到最适合的表达方式了吗？

比利·考维：我想这要取决于我正在创作的作品，如果作品需要，我会把不同的表达方式带入作品中。我想三维技术以及计算机在我的创作过程中只是一个工具，就像铅笔、钢琴一样，没有很大区别。而且在创作过程中我很愿意去使用它们，就像当要切割一些东西的时候，你就需要一把刀。我会使用最好的表达方式去表达我的创作思路，并不会在意它到底是什么。比如，如果计算机没有出现，那么，我就不能用三维技术去创作我的作品，但也许能找到其他甚至更好的表现手法。如果我真的很想去创作一个作品，我会去寻求其他的手法把同样的感觉表达出来。当然，就我个人而言，创作小说是最好的表达方式。目前，我正在进行一部名为《乘客》的小说的创作。

胡　震：这部《乘客》主要讲述的是什么？

比利·考维：主要是关于一个小提琴演奏者的故事。一开始他总觉得在哪里听到节拍声，后来他意识到这声音来自他体内。他去医院做了 X 光扫描，结果发现这声音来自他体内的双胞胎妹妹。从他出生的时候起，他的妹妹就存在于他体内了。这种情况发生的概率为百万分之一。在这个故事中，妹妹大约有 14 岁，她待在哥哥体内并且总是听到音乐声，于是她开始跟随着音乐声打拍子，这就是为什么她哥哥总是听到节拍声。后来，他开始教体内的妹妹说话，他们开始对话，他向她解释他演奏的过程以及发生的一些事情。

胡　震：这听起来兴许有些怪异，但是却是一个非常精彩、吸引人的故事。

比利·考维：也许我暂时找不出其他更好的方式了，因为对我而言，文学创作更为复杂，需要花费更多的时间和精力去做。有时候我完成工作回到家，也会进行一些音乐创作。我总是在改变，而不是持续做一件事情，我想如果总是把精力放在一件事情上，就不能做其他也许更想去实现的想法了，它们总是彼此影响的，写作可以使影像更完整，而影像可以更完善你的文学创作。

冯峰和他的《W 喷泉》

泉是西方艺术的母题，曾是女性贞操、纯洁与高贵的象征，至杜桑以男性小便器嘲弄这个概念之后，语词符号固有的文化含义便成为激发相反、相异想象力的对象。冯峰的聪明和机智在于，他恰如其分地利用了某洋快餐店商业符号字母的形象联想，使之成为明白但不直接、放肆而又有转换的艺术策略，因为针对快餐文化而具有问题意识的合法性，又在不言而喻的讥讽之中给人以亵渎现实的宣泄的快感。

胡　震：5月29日，"睬你都傻——当代艺术在广东"大展在53美术馆隆重开幕，置放在户外绿色草地上的大型装置作品《W 喷泉》成为整个展览最引人注目的亮点之一。作为创作者，能否满足一下大众的好奇心，谈谈这件作品的创作动机以及创作过程中的一些趣事？特别是创作过程中，装置艺术的哪些因素在影响和制约着您对作品形式和内容的取舍和表达？

冯　峰：其实我从来没想过能满足别人的好奇心，倒是我自己的好奇心常常得不到满足，所以我才会去做那些东西。我的作品基本上都是我的好奇心给勾出来的。这件作品就是一个字母向空中喷水，间歇着喷，大概喷一分钟，停两分钟，然后再喷，再停，一直循环，就像在撒尿一样，最后撒尿就变成了像是它在呼吸一样。本来一个很抽象的字母，赋予它生理上的功能，它好像一下子就有生命了一样。其实我是一直对生殖系统及其运行机制感兴趣，它既是排泄的系统，又是生育的系统，它看起来好像远离思想和爱情，全是下水和杂碎，但正是这个区域孕育和产生了灵魂和思想。假如有灵魂存在的话，它也应该是在胚胎的时候开始萌芽的。也就是说，它是在这堆下水、杂碎的运转系统中慢慢产生的。这中间发生的事让我很好奇。本来字母是一个很工业化的感觉，它却有一种生物生理上的行为。特别是到了晚上，它的光特别亮，喷出来的水柱也很亮，远处看感觉像是寄生在这个城市中一样。我们看到的只是它的一部分，它隐藏的那部分比我们看到的要大，要复杂，它有一个系统，有水，有电。想要完成一次舒畅的排泄是需要通过一项工程的。它看起来就像是从空中掉下来的一个某洋快餐店的符号，一头栽在了草地上，或者像是有一只无形的大手把它转动了一下，它就成了 W，然后它就待在那儿了，而且还开始撒尿。

胡　震：一开始您给自己的作品起了个相当直白的名字《×××婶婶的喷泉》，后来又改成《W 喷泉》，戏谑的成分少了许多。我个人以为，修改后的作品名称更好。就像杜尚1917年用小便器做作品时，没有直呼《小便器》（*The Urinal*），而是将作品命名为《泉》（*Fountain*）一样，两者的差异在于，前者给人的感受是情绪的宣泄，而后者体现的是理性的思考。《W 喷泉》在形式上有些恶作剧似的顽皮，但作品所提出的问题却发人深思。解释一下您实际的想法吧。

冯　峰： 没有，我没有给它取过《某洋快餐店》的名字，只是大家这么叫，我叫它《W》，它尽管看起来有点像是 M，如果有人愿意倒立着看它的话，确是这样，当然，它也像是一个倒立的 M。但它还是个 W，而不是 M，这非常不同。我开始是管它叫过《婶婶》，那是因为有"叔叔"（某洋快餐店虚拟角色形象为叔叔），但有人跟我说它在喷水间歇的时候表现出来的状态有点像是前列腺病变的征兆，后来又有人说在它的喷射中看到了雄性高潮的样子。这一下子提醒了我：它也许是具有双重性别的，或者是说，它是无性别的，虽然它很像是一个大屁股，而且还会撒尿，却没有性别。之后，我就再也没叫过它《婶婶》了。它现在只有一个名字，那就是《W 喷泉》，当然，你也可以直接叫它《W》，这样听起来亲热一点。这样吧，从现在起我们就叫它《W》好了，这听起来像是卡夫卡小说里的人物，这样的话，也许我的下一件作品就应该叫作《C》了，至于说，它像某洋快餐店的那个 M，那也不奇怪，它是我在马路边顺手捡来的。有一天晚上，我从马路边走过，看见那个挂在墙上的 M 和在里面过生日的一帮孩子，我想，这东西真是可爱，要是它能撒尿该有多好。这事儿其实跟那家洋快餐店并没多大关系，但这东西的确是进入了我们生活里了。就像别人给了一样你从没吃过的东西，你也觉得这事儿挺新鲜，你就吃了，吃完也没什么感觉。但时间长了，你就有了要排泄的感觉，这是一个创造的过程，也是一种表达，虽然出来的东西不一样了，成了一个新东西，但它和你之前吃的东西有关系。这三十多年大家吃了不少这样的东西，快速吃，慢慢地开始有了要排泄的感觉了。当代艺术也是这样。

胡　震： 过去一直埋着头吃，只进不出，再怎么健康的身体也难免憋出些毛病。好在慢慢有要排泄的感觉了，这是个好兆头，当代艺术有望了！不过有人偏把您所说的无性别差异的《W 喷泉》和女权主义思想联系起来，您认同这样的观点吗？

冯　峰： 从感情上讲，我肯定是拥护女权主义的，但我确实对女权主义的思想了解不多。其实那个东西就在那里，尤其在夜晚的时候发着光，一阵一阵间歇着喷射出发亮的水柱，它以这种方式和这个城市发生着联系，在对面的高架桥上和远处的高楼上都能看见，它完全是个活的，是个生命体，谁和它相遇都会有自己的反应。其实，我真的没那么多复杂的想法，我倒是很想听听别人的说法。您是怎么看的？

胡　震： 无论如何，我认为有两点值得一提，首先，是对视觉符号的巧妙转换。没有人不知道某洋快餐店的符号标识，但极少有人把它和人的臀部联系在一起。从字母 M 到 W 的转换，或者说，将一个人尽皆知的商业符号变成一件装置艺术品，使其具有多种阐释的可能性，这主要依赖艺术家的创造。历史上伟大的艺术家往往都能点石成金，化腐朽为神奇。比如毕加索，一个破旧的自行车龙头，经艺术家妙手点睛，转眼便成为引人赞叹的西班牙牛头。在中国当代艺术领域，也不乏像宋冬这样的艺术家，能把母亲收藏的家中弃物浓缩在一个收拾东西和整理她个人及家庭历史的空间内，使之成为一个情感的空间、记忆的空间、心理的空间和人与人之间沟通交流的艺术空间。就这点而言，《W 喷泉》和以上所提及的艺术家作品具有异曲同工之妙。其次，W 字母的视觉形象很容易使人联想到被洋快餐食品催肥的西方女性的丰乳肥臀。之所以在屁股的前面还要特别加上两个定语，显然和中国人所熟知的两个以 W 开头的英语单词有关，West + Woman + 有点肆无忌惮的撒尿。这样的视觉暗示，如果有人把它阐释为女权主义思想的表达，我觉得也无可厚非。有趣的是，也有人把您的作品看成针对全球化消费语境的奇特隐喻，对此您有何回应？

冯　峰：全球化的消费确实像是一种排泄。但在我看来，艺术家就是这个社会的触角，至于他触碰到的东西是什么，也许需要一个时间上的反应，而且解释权也不在艺术家这里，作品一旦展出，就进入了公共范畴，任何人都可以对它说点什么。

胡　震：您说得对。有一种观点认为，艺术家观察社会的经验，如果不加以表现就无法被人掌握。还有一种更为极端的说法，即如果没有当代艺术先知先觉地对当下社会的敏锐反映和直接介入，就不会有普通百姓对当代社会历史情境的认识和经验。您说作品进入公共范畴后，任何人都可以对它说点什么。在我看来，观者对作品言说之时，其实也是在对艺术家个人经验的某种感悟和体验。尽管结果会大不一样，有时甚至自相矛盾，但从另一方面看，则恰恰说明了艺术家作品内涵的丰富性，以及不断解读的可能性。策展人杨小彦认为，《W 喷泉》做得"聪明、巧妙、恰到好处，有一种不太残忍、不太可怕，因而是无伤大雅的讥刺，但内里却有一种放肆"。我的理解是，这"内里的放肆"和近两年较为火爆的网络流行词语"闷骚"比较接近，确切地说，是一种来自骨子里的自信。许多艺术家的创作基本上都是"唯西方当代艺术马首是瞻"。伴随着全球一体化进程的加快，西方文化及其价值观对世界的渗透也几乎到了一种恣意妄为的地步。许多人身在其中却无法自知。《W 喷泉》释放出来的丰富信息让我对您的创作智慧和自信有了新的认识。我无法判断这件作品的未来影响和地位，但我相信，作品所彰显出的态度和立场将会获得更多中国当代艺术家的认同，成为艺术家创作中不得不思考的重要问题之一。

冯　峰：当代艺术是从西方来的艺术，肯定会有一个学习的过程。我们看看身边有什么不是西方来的，我们穿的衣服、梳的发型，茶是东方的，去了英国变成了奶茶，在香港叫"丝袜奶茶"，还有一种叫"鸳鸯"，就是奶茶加咖啡。其实，我们就在西方中，在我看来没有所谓的西方和东方。所谓的西方只在我们的头脑中，是我们自己设定了一个"西方"的概念在观念中，所以，我们也要设定一个"东方"。但东方在哪儿呢？几年前，有人引进了意大利的纯种赛狗"灵缇"，这种狗跑得很快，一代代繁殖久了，它的性能就降了下来，跑得慢了，繁衍就是一个不断改变特性的过程。从宏观的角度看，在历史的长河里没有所谓的"纯种"，它没有一刻停止过混杂和变化。杂交出来的新物种才有可能带来新的特点和性能，这就是繁殖，而不是复制，自然就是一个无限丰富的生物系统。

冯　峰：没有人能走出自己的世界

在当代艺术领域，冯峰是较早打破原有专业的限制，在不同学科和艺术形式之间自由游走的艺术家之一。画家—作家—医学爱好者—雕塑家—设计师，冯峰在不断转换个人身份的同时，尽情享受着各个领域射出的思想火焰对其神经细胞的刺激，快乐而又充满智慧地表达着自己对艺术和生活以及对这个世界的看法。

胡　震：1993—1995 年，您创作了一系列装置作品，包括《有水龙头和汤勺的椅子》《背负着压力的长凳》等，其中《揭穿波伊斯》（1993—1995 年）这件作品，所用的材料并不复杂，只是简单的印刷品、铅笔和墨水，但创作时间却长达三年之久！在您试图以调侃的方式"揭穿"波伊斯这位战后欧洲艺术中最重要而又最富争议的艺术家时，您对波伊斯的认识和理解是什么？《揭穿波伊斯》的创作难产的原因何在？

冯　峰：我从广州美术学院刚毕业时对绘画有些失望，那时候特别希望能重新开始，希望做一种能够表达当下生活的艺术。当时就用身边所能找到的任何东西作为材料开始做作品。那时候，我们一帮人经常在一起吃吃喝喝谈论艺术，我就拿吃火锅用的漏勺做了一副眼镜，而我的毛笔却在烧烤时做了刷蜂蜜的刷子，砚台也变成了烟灰缸。说起来，真有点对不住我的国画老师，但在当时的确有这样一种心境，就像胡适在白话文运动中说的那样，在美国的电灯泡下怎么还能写出像"孤灯如豆"这样的句子？

其实，我那时做的装置作品在语言上深受波伊斯的影响。像《背负压力的长凳》就是一个非常明显的例子。《揭穿波伊斯》之所以用了那么长的时间，是因为我在其中经历了一个很大的转变，这段时间和这件作品对于我个人来说是非常重要的。它让我从波伊斯那里走了出来，形成了一个自己对艺术和艺术史的思考。这个思考基本上是基于语言学的。就是——你想说什么？你能说什么？你说了什么？

胡　震：我理解您当时放弃国画，希望重新开始的感受。毕竟传统国画的创作语境已发生了翻天覆地的变化。我不能理解的是，为什么"用吃火锅用的漏勺做了一个眼镜"就能成为当代艺术作品？在您最初进入波伊斯的艺术世界时，您有过类似的困惑吗？当您决定从波伊斯那里走出来，用自己的方式说出自己想要说的话时，与传统国画相比，当代艺术，确切地说，装置艺术最吸引您的是什么？

冯　峰：其实我很景仰中国古代的绘画，在觉得望尘莫及的同时也觉得我没必要那样去做。用漏勺做眼镜的时候，我并没觉得那就是当代艺术，它只是表达我个人生活的一种方式。是不是当代艺术，我没想过，它不一定非得是当代艺术，不是当代艺术也没关系，说它是一个设计也可以。我觉得它是不是当代艺术一点都不重要，重要的是它传递了什么样的生活态度和观念。我更愿意把这种类型的艺术称为"观念艺术"。"装置艺术"的说法还是按材料和样式去划分的,而"观念艺术"并不拘泥于已有的艺术样式,生活中一切视觉要素都可以成为表达思想观念的语言,它直指问题的核心,追问"何谓艺术"。这也是它最吸引我的地方:直指人心。漫长而繁复的修行有时会磨灭人性。

  胡　震:从传统国画到设计创意,再到装置、观念;从笔、墨、纸、砚到日常生活中随处可见的各种物质材料,在当代艺术领域,您是较早打破原有专业的限制,选择在不同艺术形式和媒材之间自由游走的艺术家之一。跨领域和多媒材的实验在给您带来极大的创作自由和愉悦的同时,您必须面对的难题和挑战有哪些?

  冯　峰:就是你每次都要面对不熟悉的工作方法和材料、技术。这些也许是个难题,但对我而言,任何不熟悉的事情都使我充满好奇、兴奋和刺激。所以,这对我来说是件相当快乐的事儿,就像是去探险。如果你让我一辈子用同一种手段不停地重复去做同一件事情而不假思索的话,这等于是在惩罚我。虽然我很羡慕和敬仰那些始终从事一种技艺并使这种技艺日趋精湛最终身怀绝技的艺术家,但我真的做不到。我很清楚这一点,这不是我的性格,我不属于这类人。

  其实,无论你用什么方式,怎么做都行,重要的是你想要说什么,你是否给这个领域带来了新的价值判断。

  胡　震:说什么固然重要,但在艺术创作中,艺术家选择怎么说,用什么样的视觉方式来表达,这样的问题虽不似哈姆雷特那样生死攸关,但往往成为人们判断艺术作品优劣高下的关键,也是艺术家个人智慧的具体体现。以您自己的创作为例,1996—1997年,您做了一系列作品,包括《速食》《盒中盒》《如何使用避孕套》等,1999—2000年,又创作了《外在的胫骨》等作品。在我看来,前者更像是一系列的广告创意;而《外在的胫骨》则通过三联照片的方式,不仅给人以强烈的视觉冲击,而且带给人强烈的心灵震撼。作为创作者,您认为受众对这两个系列作品之间感受有差异的原因是什么?它和人们常说的设计与艺术的差异有关吗?

  冯　峰:我不认为设计和艺术之间存在根本上的差异。当然,人们对设计的确有很大的误会,人们普遍把设计看成纯粹商业的庸俗玩意儿,完全与思想无关,其实并不是这样的。安迪·沃霍就一直称自己是一个商业艺术家,是他把商业广告画的做法带进了纯艺术的领域。还有像现在很多欧洲的年轻设计师做的一些新设计,非常有观念,非常有智慧,让人看了很受启发,而它根本和实用无关,甚至是反实用的。从这个层面来看,没有庸俗的行业,只有庸俗的人。任何领域里射出的思想火焰都能刺激我的神经细胞。我不隶属于任何领域,只属于我个人。我从不参加任何协会和俱乐部,就像野生植物一样,自由生长。

  意大利设计师埃托·索托萨斯(Ettore Sottsass)在一次访谈中说过这样一段话:"设计对我而言……是一种探讨生活的方式,它是一种探讨社会、政治、性爱、食物,甚至设计本身的一种方式。归根结底,它是象征生活完美的乌托邦方式。"这句话影响了我对设计的看法。

其实，我在做《速食》和《鸭·兔》那批作品时，更多的是在思考语言上的问题。当时，人们普遍对观念艺术不能理解，有阅读上的障碍，我想是不是可以发明一种新的语言系统，先把基本的沟通完成，我们把一些无法沟通的思想先隐藏起来，把能沟通的部分先达成沟通，而我在产品说明书上面看到了这种可能性，于是就有了像《鸭·兔》《速食》《盒中盒》《如何使用避孕套》那部分作品。

如果说《如何使用避孕套》和《速食》这些作品像是系列广告的话，那我们也可以把《外在的胫骨》看作立在高速公路旁边的一块巨大的广告牌。我真想有机会的话把这条受伤的巨腿立在某个高速公路或者城市高架桥的旁边，这一定会给那些呼啸而过的豪车车主们带来惊喜和快乐。

2004年，"这条受伤的腿"参加了巫鸿老师策划的一个展览，在美国的几个城市巡回展出。我的感觉就像是中国的高速公路旁的一块大广告牌在巡回展出一样，那个尺寸真的就像户外广告牌一样大。当你在高速公路上看到"这条受伤的巨腿"，你会怎么样想，完全无话可说。

胡　震：说到《外在的胫骨》在美国的巡回展出，我听说您的作品和一位美国收藏家有一些联系，具体情况是怎样的？

冯　峰：在纽约的ICP（International Center of Photography，国际摄影艺术中心）展览时被Chaney买去了，他是美国休斯敦的石油大王，也是一位很重要的收藏家，是家族收藏，主要收藏"英国青年艺术家"（Young British Artists，YBAs）和亚洲艺术家的当代艺术作品。他买去后，在休斯敦美术馆做了一个亚洲当代艺术的收藏展，名字叫 *Red Hot：Asian Art Today From The Chaney Family Collection*，这个展览计划在全美国做巡回展览。

胡　震：2000年后的《静物》（三十六张与医学相关的照片）系列和《身体里面的风景》系列具有很强的视觉张力，面对这些作品，我总会不由自主地想到您那篇小说《生殖生理学的故事》。我感兴趣的不仅仅是小说中那些带有个人体验性质的故事描述，更重要的是，在当代艺术领域，关注个人身份和身体的艺术家不少，但像您这样持续以不同表达方式关注人的身体，特别是生殖生理系统的不多。为什么要选择从生殖生理的角度切入？意义何在？

冯　峰：没有办法。这就是我的兴趣所在，就爱这个，拦都拦不住。也许性，或者，我们把它叫作生殖生理学，与人的灵魂和思想连接着，所以它常常带出很本质的东西来。人们常常误解了性，把性隐藏起来，却大声歌颂生命；其实，那不是一回事儿吗？乔姆斯基说过这样一句话："如此这般的措辞法之所以被需要，只是因为有些人要用这些措辞来给某些事命名，同时又不唤起对这些事的真实记忆。"

其实，这也是我认识和理解这个世界的一种途径。《静物》那套作品就是基于这种认识对"科学"所产生的怀疑和质问，它有一种现代文明的残酷性在里面。

胡　震：最近几年的作品在材料的选择上似乎越来越讲究，比如《金骨头》《黄金时代》以及《盛宴》等。除了视觉上的考虑外，金箔的使用有没有什么特别的隐喻？

冯　峰：的确，我的作品里面用了很多金箔。开始并不觉得，后来回头看是有这种感觉。生活真的很奇妙。我父母都是黄金部队的，他们的工作就是为国家找金矿，而我就是在一个金矿上面出生的。

在我看来，今天这个时代就是一个黄金时代。2007年年底，我参加冯博一在深圳OCAT当代艺术中心策划的一个展览，我把一堆镀金的骷髅骨骸摆在三张白色的大桌子上，空中悬挂了一颗水泥铸造的心脏。那时候，正好是中国股市最疯狂的时候；2008年年底这件作品在纽约的曼哈顿再一次展出时，就在金融风暴刚刚爆发之后。这非常有意思。在我看来，这件作品这个时候在纽约展出真是太合适了，它前后两次的展出时间和地点都好像是专为这场金融风暴量身定做似的。生活真是奇妙得很，有时候它的安排甚至让你来不及去预计。

胡　震：还是回到《盛宴》这件作品上来吧。当初决定做这件作品的起因是什么？

冯　峰：《盛宴》就是为广东当代艺术30年的特展做的。展览的名字叫"广州站：广东当代艺术特展"。展览是回顾广东当代艺术的历史，同时邀请一批一直在坚持创作的和广东有关的艺术家去创作新的作品。我接到邀请时就想，没有比"吃"更能代表广东的了。于是，我就在美术馆里做了一桌宴席，还放了很多南方产的水果，菠萝、榴梿、番石榴什么的，特别是榴梿，展览当天整个美术馆榴梿飘香，很醉人。那桌宴席的旁边摆着一个巨大的鸟笼，笼子里有一只骄傲的孔雀在走来走去。孔雀这么漂亮的鸟在广东是可以吃的，这在我看来也是个奇迹，而且我的那只孔雀真的就是从一家大排档租来的。这件作品也给美术馆提出了一个新的课题：因为孔雀是会拉屎的。

作品展出后，有一家北京的艺术机构邀请将这件作品展出，连同那只孔雀一起。所以就去北京做了个展，也为这个展览制作了一本金色封皮的书。

胡　震：《盛宴》的呈现方式与朱迪·芝加哥的《晚宴》有异曲同工之妙。它是英雄所见略同式的不谋而合，还是海纳百川后的借鉴发挥？

冯　峰：之前我还真没想到它们之间有任何的联系，因为朱迪·芝加哥的《晚宴》主要是针对女性主义的。不过您这么一问倒也很有意思，我虽然不是女性主义者，但我可以说是一位女性崇拜主义者，我崇拜的对象大多都是女性，或者是多少带点女性气质的男人，例如玛丽莲·梦露、邓丽君……

我认为，女性是这个世界的希望。

李邦耀：波普，一种态度的表达

"物象志·李邦耀"个展囊括新千年以来李邦耀个人创作的两个作品系列：《物种起源》和《居室·室内》。前者延续了李邦耀一直以来的简洁风格，以类似广告画的处理将"文革"时期的各类物品并置呈现，把对物的考察延伸到政治和历史的维度，特别是将"文革"时期的"物"与消费时代的"物"进行相同的视觉处理，从而使两者之间构成一种奇妙的讽喻；后者则以家庭为单位，通过环境对普通家庭居室的植入、对比，揭示当下消费社会影响下人们对物质生活的过度迷恋和盲目崇拜。不仅如此，李邦耀还从鲍德里亚有关消费社会理论阐释中为自己对当下社会的考察找到理论依据，在创作上拓展出更大的空间。在艺术家筹备个展期间，笔者与《画廊》杂志一行数人拜访了艺术家工作室，与艺术家展开了一次有关"物"的对话。

胡　震：1992年，在广州首届艺术双年展上，您的参展作品《产品托拉斯》荣获评委优秀奖。那次获奖对您来说意味着什么？

李邦耀：那次获奖既是我油画创作生涯中的第一次，也是迄今为止唯一的一次。就我个人而言，在当时架上绘画品种相对单调的情况下，我所选择的波普表现方式能够得到大家的认同，这种肯定无疑对我后来的艺术创作具有重要的意义。

胡　震：与王广义的"政治波普"不同的是，您当初选择表现对象时似乎更理性，能谈谈当时对波普的理解和认识吗？

李邦耀：应该是在理智与情感之间。在那段时间，我与杨国辛、魏光庆、袁晓舫等经常讨论一些艺术问题，王广义当时也在武汉。其一是中国的艺术教育过度技术教育化、学院化；其二是现代主义的精英化模式令我们极其不满，对我们今天所面临的这个社会来说，它所构成的知识系统是远远不够的，艺术应该和社会发生更多的联系。20世纪90年代初，当我开始接触到美国的波普艺术时，很快就被它的直接性和生动性所感染，因为它太不像我当时所看到的艺术了。安迪·沃霍尔、利希滕斯坦、劳申柏，还有琼斯这样的艺术家，从他们的作品中，我们不难看到，波普是一种文化态度，而不仅仅是一种手法。尽管当时并没有很清晰的目标，但最终我们选择了波普的方式来表达。在此过程中，王广义的个人影响不容置疑。当时他在做"大批判"系列，而我们还在犹疑之中，后来大家都能理解王广义为什么要那样做。那时候，我们努力达成了两点愿望：一是与学院派撇清关系；另外就是逃离现代主义。那是一个阵痛期。

胡　震：有趣的是，从《产品托拉斯》中，我们依然可以看到学院影响的痕迹。另外，从开始接触波普到现在，您对产品的关注一直没变，采用的一直是油画这一媒介。能谈谈长期以来坚持做平面的理由是什么吗？

李邦耀：我对平面语言有较强的感觉，就像摄影家拿起相机时的感觉一样。我想每一个艺术家都有对媒材的偏好，这应该不是什么问题，尽管做平面的难度非常大。平面绘画语言当然有它的局限性，语言也因为它的局限才具有挑战性。今天，媒材的选择更加多样，但媒材既不是时尚，也不是目的；我们应该恰当地选择媒材，直到它能很贴切地表达你的想法，而不能因媒材而媒材化。我也看到过一些用新媒材做得很烂的作品。媒材不是观念。

胡　震：有艺评家认为，安迪·沃霍尔的作品制造了他自己的标准和价值，因为这些主题都具有政治色彩。但安迪·沃霍尔在接受电台访问时，表明他只是在画中呈现美国，并不是一个社会评论家，也不想以任何方式去批评美国，更不想去展示任何丑陋的一面。中国艺术家在接受美国波普这种方式时显然没有一味地照搬，而是借用波普的方式鲜明地表达了艺术家对社会的种种态度。具体到您的创作，您是以怎样的心态面对您所认为的中国消费社会的到来以及大量西方工业产品输入中国的？

李邦耀：一直以来，我对社会都是持批判态度的。尽管批评家们喜欢用波普的标准来界定我的创作，但这与我内心的想法还是有距离的。1992年创作《产品托拉斯》时，我的直觉告诉我，我们将面临一个陌生的消费时代。那时，西方大量的产品已经开始占据中国市场，或许"崇洋媚外"是当时的人们的普遍心态，我充满怀疑，因此我更关注产品背后所体现的价值观问题。

胡　震：我很欣赏您的敏锐，以及您对中国社会转型过程中消费现象的持续关注和批判态度。但我不能理解的是，究竟是什么原因让您乐此不疲地走到今天？

李邦耀：因为消费社会的很多问题我也没有搞清楚，直到今天我还在探求之中。我在寻找我的方法。

胡　震：可否讲得更具体一点？

李邦耀：我需要对物品有一个更系统的考察。当我在做《重新看图识字》时，我的一个朋友给了我很中肯的意见，他的意思是，你想让人们认识作品的意义，你就必须往回走。这给了我极大的启发。2007年，我开始画社会主义计划经济时期存在的各种物品，当这批作品完成时，物品的演绎关系就很清楚地显现出来。对我而言，这是一种考察方式，这种考察让我重新找到了过去和现在的物品存在的一种逻辑联系，以及物品以何种方式与人连接在一起。

一般来说，物品具备两种基本功能：一是物品分类的功能性，二是物品的非功能性。物品的非功能性指的是物品的引申意义。事实上，任何一种物品都有它的引申意义。这种引申意义是去功能性的，也是我最感兴趣的地方。比如在做《重新看图识字》时，我想到的是当今社会中人们交流时经常遇到的比附时髦的现象，比如谈车时，不说你的车如何，而说你的德国名牌车怎么样，又比如名牌运动鞋和高奢品牌包等。这些品牌成为人们交流的符码，理解这些符码，意味着你的在场，如果不在场，也就意味着你的失语。人人都担心失语，人人都在努力了解这些符码，当然，了解并不意味着拥有，重要的是拥有一种身份，一种话语权。这便引发出另外一个问题，即主体和客体之间的关系问题。在今天，符号秩序成了消费的主体，而消费者则成了符号秩序的附属物。物品在被彻底符号化后，其本身的意义也跟着消失了。

胡　震：由此看来，鲍德里亚从符号学角度对消费社会的分析对您近几年创作的影响着实不小。

李邦耀：我非常有兴趣地陆续读了鲍德里亚的《消费社会》《物体系》等。真的，在2002年之前我对鲍德里亚的著作不是太了解，我看了他的书后非常惊讶，书中论述的"物"在消费社会的作用和价值指向就是我的观点。鲍德里亚是个了不起的人物，他揭开了消费社会的表皮，让你洞察在表皮下面影响人类生存的政治、经济游戏的自身运行规律。他对我的影响非常大。他给了我视觉研究工作足够的信心和理论依据。

胡　震：以您近期作品中频繁出现的符号化物品为例，透过这些物品，您对社会主义计划经济时期人与物之间的关系有何新的认识？对消费社会的持续研究给您本人带来的影响和变化有哪些？

李邦耀：事实上，我并不重视所谓历史性的描述。如果我是个历史主义者，我会把这些物品描绘得逼真而且有质感。实际上，我把这些元素都排除在外了，我重视的是这些由符号而组成的物品结构系统，以及与人之间所产生的内在逻辑关系。确切地说，我更关注物品符号化的过程，即它的象征性。因为，若干年后，当我们回看这些物品时，物品的实际意义已被抽空。物品和需求是没有关系的，例如：你说我们需要经常更换那么多不断翻新的手机吗？显然，更换手机不是为了通信的需要，只是欲望的满足；需求是一种欲望，而物品仅仅是欲望的一个神话。

我一直坚持对"物"的研究。近年来，我开始将物品置入一个环境中，让它们传递更多的信息给观众。

张羽：念力·心印

他是水墨画的终结者，也是实验水墨的领军人物。"水"和"墨"，对于张羽而言或许只是一种媒材。透过艺术家的思辨和感悟，让水墨在艺术形式上获得了哲学上的升华与创新。笔墨一直被视为中国传统绘画的工具。然而，张羽在过去的数十年里，不断思索探求，以非绘画性的视觉效果以及非传统性处理绘画材料的方法，让架上绘画步入"观念行为"的艺术呈现。

在20世纪90年代的中国水墨艺术变革运动中，张羽创作了抽象绘画《灵光》系列，画面以残圆、破方为语言符号，大胆地引领水墨进入新路径；其后2001年的《指印》系列以"指印"方式进行实验式创作，正式宣告"纸上水墨画"的终结。这是搁置十年之久的思绪，如同修行一般，当内心积淀能量趋近成熟，瞬间实现蜕变。张羽摆脱笔墨，以指印与宣纸、丝绸、玻璃触碰，让不同本质体的存在发生微妙的关系，并与艺术家互动、感应、对话。然而，一切创作的终极目的，不是为了制造视觉形式，而是东方哲学内涵的一种精神体验。而2013年的装置艺术《水墨，仪式》，便是将行为与时空融为一体，并且超越水墨的物质属性媒介界限。无论艺术的创作行为还是艺术作品本身都充满着仪式性，超越现实、超越物象，如同虚空境界的精神痕迹。

张羽的"指印"诚如水墨画终结的烙印，成为时代的宏观表征。然而，独一无二的指纹，却是无法复制的个体美学。水墨画，借着指印与不同介质之间的浑染而结束，然而，"水"和"墨"却永存。

胡　震：您提到"水墨仪式"这么一个概念，在我的理解中，它可以有三种解读："水墨"和"仪式"之间加一点的时候，这是并列关系；如果在"水墨"后加上逗号，则有用"仪式"界定"水墨"之意；如中间不加任何标点的话，则可把"水墨"理解为定语，即以"水墨"的方式建立一种仪式。您更倾向于哪一种解读？

张　羽：您很敏感。其实，您提到的三种理解或是解读都在我的思考之中，也是我想给读者的启发。我们在强调水墨的呈现或探讨水墨的问题时，往往会忽略这样两个重要问题：首先是表达所必需的当代意义，也就是说你的表达是否是当代艺术；再就是本来的水墨与概念的水墨的关系，这是一直以来艺术家和批评家所忽略或根本没有意识到的问题。这涉及水墨的物质属性与文化属性之间的关系，从水墨的物质属性来思考，我们今天所说的"水墨"，实际上是水+墨的水墨。它究竟是概念中的文化属性还是应该通过转换而获得的文化属性？而怎样才能获得其文化属性是我一直都在思考的问题。如果我们一定用水墨进行表达，那么水墨这种媒介在今天还有没有其他的可能性？如果我们能够重新阐释水墨，那么采取什么样的方式去表达，这就涉及我们所要讨论的"水墨，仪式"问题。

当然，我不是为了仪式而仪式，我完全是出于表达的需要。在我看来，仪式是一种虚无状态，是人的直接精神追求，也许这种追求难以触摸，只存在于想象和思维的空间。比如，我们去教堂礼拜，去禅院参禅等，不管嘴上还是心里叨念什么，内心都具有一种莫名的虔诚和渴求，虽然有时并不清楚自己真正渴求的是什么。然而，那是一种状态。如果你能保持这种状态的话，你的内心世界是虚无的。而真正的仪式应该是属于纯粹精神化的感受与虚无意义的状态，或者是认识虚无意义的精神化感应。

胡　震：从个人体验来讲，任何一种仪式，教堂的礼拜也好，禅院的参禅也罢，究其本质，都是通过某种方式，确切地说，是一种仪式活动，让你置身其间并不知不觉地进入那个场域。从这个意义上来讲，仪式是非常重要的。

张　羽：仪式具有一种魔力。但这不是目的，因为面对宗教的时候，每个人的进入状态是不一样的。也许他不用任何方式也可以进入这种状态。我的目的主要是如何通过一种方式，一种表达的方法，带你进入这种场域，并在这个场域和我使用的这种媒介能不能构成一种关系，这种关系是不是能够达到表达的有效性，这才是关键。由此说来，"水墨仪式"能否让观者进来之后感受到仪式之外的关联和想象，我觉得这是对艺术家表达的考验，可以充分体现艺术家的智慧与才能。

比如说你把水墨倒进浴缸里或者洗脸盆里，你想呈现一种仪式感的装置作品，然而它能够呈现我们所说的那种精神吗？我们说一千道一万，你的艺术表达要承载的是你的精神诉求。浴缸能不能把这种精神呈现出来，这与媒介之间能否有效转换有关。因为有了转换的可能性，才有表达的可能性。在水墨仪式中，我之所以选择吃饭用的瓷碗，是因为我们都知道它是人类赖以生存的必需工具。实质上随着岁月的流逝，它已经不是一个简单的"碗"的概念，而是上天赐给的一个"物"。它关联着日常经验的日常文化，它存在于现实情景中，存在于生命过程中，更存在于生命的文化中。所以我选择把水+墨的水墨倒入瓷碗里，水墨的意义通过吃饭的瓷碗转换为精神的水墨。于是，它不再是水+墨的物质属性的水墨，从而它具有了文化性，物质性和文化性交织在一起。我通过一个空间，一个场域，让人们进来后获得这个感受。那么这个场域的结构和瓷碗之间的结构关系是非常重要的，这种重要性是必须通过一种表达的有效形式。我其实还设想了一个问题，这样的一个装置方式和我的指印方式，在某种程度上都一样，都是意念，而意念是通过了一种形式去承载的，或者是去传达的。实际上它是通过一种方法与仪式发生着关系。水墨仪式既是表达方式，也是水墨方式，更是精神诉求的意念形式。其仪式的呈现形式，是水墨之外的水墨关联，是走出水墨的水墨。水墨不等于水墨画，这就促使我们走出狭隘的水墨理解。而提出走出水墨在于解放自己的思想认识，直接面对艺术表达！因为，水墨只有在不同于以往的表达中才可能获得新的意义和价值！否则，水墨只是水墨，水墨只是工具！

你刚才问我更倾向于哪一种解读？在我的作品中，其实三种解读都会涉及。我想通过最单纯的方法，或者是最直接的表达来呈现它的丰富性，所谓的丰富性是什么呢？实际上是人们的一种想象的关联性。我觉得把这一部分丢给观者是极为重要的，今天的观者的学养、经验、阅历都不同，他们会在他们的层面理解和认识上按照他们的想象去认识这一切。

胡　震：过去那么多人都在探索所谓的"水墨"路径，包括发掘其可能性，但始终离不开"笔墨"这个东西，在某种程度上是在水墨基础之上的一种延伸。一方面是在消解过去的笔墨,另一方面也在建立一种新概念,您认同吗?

张　羽:不同意这一说法。我觉得这部分人是一种重复的倒退,根本不存在建立的问题。其实,他们在想继承笔墨的时候却消解了笔墨应有的意义和价值。因为笔墨在今天没那么重要,我们大多数画家不具有过去文人的素养和修为。传统的笔墨是文人的一种品位的追求,而今天的画家的笔墨是技术的炫耀,这是两个不同的作为。对我而言,建立的意义在于艺术家的表达是为了呈现其作品,并努力为当代艺术的发展提供一个新线索,或者是提供一种个人经验,为理论作新阐释。

我在20世纪90年代提出走出"水墨",实际上一方面是对自己进行提示,同时也是给周围艺术家的提示。到了2000年之后,我提出了"水墨"不等于"水墨画",我们希望以此提示中国当代艺术不应该是被西方所欣赏的那一部分,或者说被西方所利用的那一部分,而应该是和我们自身文化产生更密切的关系,也是关于艺术史的逻辑关系。作为艺术家只有在这一线索上寻求自己的位置,才能够站在国际化的场景里。否则的话,我们的当代艺术就完全不着边际了。

胡　震:那么,究竟什么是水墨文化呢?

张　羽:我个人以为水墨文化指的是历史以来的水墨画发展的文化依托关联,更多的是由文人的知识和修养赋予其中。那便是国学、诗学、金石学、禅宗、佛学、哲学等各方面注入其中。所有的承载是丰富的。在这一前提下,我通过指印的这一方式去触摸水墨,把水墨这一中介方式转换到宣纸上。水墨也好,色彩也好,其实都不再重要了,重要的是关联。

胡　震:这跟中国的传统精神在某种意义上是吻合的。

张　羽:在我看来,更重要的是自然,那才是艺术的最高境界。比如在我的作品中只选择用"水"进行表达,"水"是自然的根本,是人类生命所不可或缺的,它是万物之本。而延伸至"水墨",倘若没有"水"的话,"墨"就根本没有任何意义了。因此"水"也是"墨"的生命,"水"更是"墨"的灵魂。

胡　震:水墨在西方艺术中,被看成一个中国符号,您如何看待呢?而水墨的文化性在东西方艺术领域中又该如何理解呢?

张　羽:正由于这种符号化的问题制约了水墨的发展。这几年,我的艺术创作由于表达的需要使用了影像、空间、装置等综合媒介,水墨只是其中一种媒介。我不希望带有强调"中国符号"的特殊性的艺术表达方式,或是展现中国艺术家对自身文化上的表象理解的层面的特征。过去,较多有影响的艺术家一开始便使用中国符号、中国元素。尽管这是一种聪明的做法,但不是一种智慧的做法。智慧的方法是你我同在。

这里所强调的文化性,是在东西方两者之间的互渗。我们必须找到互通的层面,才能够获得更多的感动。因此,我不希望仅靠符号或元素来证明,而是要通过思想及文化之间的关系,让观众感受到形式背后的部分。事实上,中国和西方之间存在着一个夹缝,当中的差异与共性正是双方在今天都想获得的。

胡 震：您构建了新的水墨仪式，并通过这种仪式去寻找东西方之间的衔接，在东西方传递这种文化精髓，可以从个人角度谈谈这种体验吗？

张 羽：对艺术家而言都面临着如何超越的层面，这一定是透过视觉的形式来表达。只不过形式与精神诉求应处于一个切合的关系当中，这是我一直强调的。换句话说，就是以当代的形式，建立新的语言言说方式，从而在东西方文化中各自获得启发，并激活。所谓的超越就是超越东西方艺术中的方法，于是新的表达是否可以获得跨越两端的有效言说是我深入思考的关键。比如，仪式是人类共同的思想解码的共识视觉。

胡 震：从技术上来说，水墨画如何能够提升其向外扩张性？

张 羽：两千多年的水墨画发展，已经走到其尽头，难以再发展。水墨画的话题是水墨发展在20世纪90年代的话题，主要是解决水墨画的现代性问题。水墨画发展的最后一道风景是实验水墨的图式表达。通过技术上的复合手段，让结构从内往外走，中国的水墨画油彩最大的差异是，油彩是覆盖，往上加。当往外覆盖的时候，它就自然而然往外走。而水墨画的优势是透，往里走，它属于阴，所以往里吸。它缺少一个向外的东西。倘若要让它扩张出来，那么就不能不对水墨画重新思考，通过一种图式，让它扩张。

90年代我通过《灵光》系列来实现其扩张性。一开始，我并没有使用明显的光，后来逐渐强化光。由于我们所受的是西方式教育，我们必须先触击视觉，再进入心灵。在这样一个前提下，我反复琢磨绘画的结构，琢磨光的由来关系。光成为我当时的一个突破口，在整个创作中我努力于"灵光"的结构变化与光和气的关系。努力使气生成与流动，同时使光也随之流动。所以我刚才为什么强调"水"是"墨"的魂呢？如果你不会用水，等于你不懂水墨！所以水墨画的表达中水的使用是一个核心问题。

胡 震：这次参加威尼斯双年展的作品构思是如何的呢？

张 羽：我这次参加威尼斯双年展平行展的作品是用摁满宣纸和丝绸的指印制造了一个闭关的空间。这个空间长11米，宽7米，高3.5米，我将正面从房屋的顶部把摁满宣纸指印的8个条幅一直垂到地面，从天头到地头都是满的，把窗户挡住了。人在相隔1米的距离往里头看，两侧及正面的对面是从顶部垂到地面的二十几条透明的丝绸，中间放置一台电视显示器巡回播放我的指印行为影像。来往的观众通过透明的丝绸能够清楚地看见由指印构成的闭关空间的全部。这是一个展现心灵世界的修行的空间。

胡 震：当今的艺术语境已经产生变化，水墨更需要跟公众发生关系，并进行沟通，您是否觉得有一种自觉性不断推动您在水墨新方式中，与社会、当下产生新关系呢？

张 羽：这是必然要思考的问题，并要始终保持这种与社会、与人的关系。但这不是简单的互动关系和观看的阅读关系。而是启发的认识关系，使观众通过你的作品走进艺术家的世界以及观众自己的世界。人的一生是不断积累、不断认识的一生，你不断更新的新认识会使你敏锐地呈现新的关系，其实这一切都是关于人的问题。

黄　专：寻找"不可拒绝"的当代智慧

　　黄专，艺术史学者及批评家，OCAT独立艺术机构创始人，中国当代艺术的推动者。曾以不同的方式介入当代艺术活动，1985—1987年参与编辑《美术思潮》，1992年参与策划"广州首届九十年代当代艺术双年展（油画部分）"，1994—1996年参与改版《画廊》杂志，1997年开始担任何香凝美术馆馆聘研究员、策划人，2002年开始担任OCAT当代艺术中心主任。本次访谈黄专以OCAT策划的华侨城地铁项目为例，重点探讨了当代艺术中的"不可拒绝性"问题。

　　胡　震：作为1992年广州双年展的主要策划人之一，您对展览的最后结果有怎样的评价？

　　黄　专：其实从商业角度来讲，那次展览的结果是很失败的。当时，我们设有三类奖项：文献奖、学术奖和优秀奖。三类奖项的获奖作品最后全部被深圳东辉公司收购，总价100万元。但东辉公司后来因经营不善垮掉了，这批画据说也被抵押出去了，至今下落不明。其他没有获奖的参展作品则全部运回四川。因为当时投资展览的公司后来也倒闭了，所以这批画的下落也是不太明确的。

　　胡　震：如果说1992年的广州双年展只是以商业的名义为当时的前卫艺术寻找出路，那么后来您选择与华侨城的OCT合作主要是出于什么样的考虑？

　　黄　专：2004年，深圳华侨城搞东部开发，他们最初的想法是，搬迁所有的旧厂房，重新规划，开发房地产。之后他们去了北京798艺术区，又决定套用798艺术园区的模式。2004年他们跟我谈过这个计划，当时我还在家里养病，不是很感兴趣。到了年底，他们又有一个地铁的项目找到了我，当时我就觉得这个项目很有挑战性，在跟他们做地铁项目期间，开始谈成立OCT的项目计划。就何香凝美术馆一方而言，他们当时的想法是将厂房改建成何香凝美术馆的分馆，但具体怎么做，他们也没有十分明确的概念。后来我才知道他们其实有一个方案。

　　胡　震：什么方案？
　　黄　专：皮力给过他们一个方案，计划把这里做成一个结合商业的艺术中心。

　　胡　震：那您的想法是什么？
　　黄　专：第一，它的性质应该是非营利的，就是个纯粹的艺术机构，跟挣钱没任何关系；第二，所有的人员由我来选定；第三，就是怎么投入以及具体的投入方式等。

　　胡　震：作为投资方，华侨城会答应您的条件吗？

黄　专：当时是直接跟华侨城地产谈，他们决定用我的方案，并且所有条件基本上都可以接受。他们就说我做非营利的也可以，由他们来投入，我们来运作。我想了一下，觉得还是先做一下再看。后来基本上就是按这个模式来运作。

胡　震：OCT 成立至今，在具体运作过程中有没有遇到一些比较难以解决的问题？

黄　专：有一些，但是基本上都解决了，他们也基本上兑现了他们的承诺，我这边也超额完成了我对他们的承诺。我原来说花三年时间搞，但收获远远超过当初的计划。

胡　震：以 OCT 今天在国内外当代艺术领域的影响，其品牌效应应该大大出乎投资方的意料。

黄　专：因为我当时跟他们讲，投入有三个层次，投入不一样，这个目标也不一样，但现在我们是用最低的投入达到了最好的效果。所以我觉得从商业角度来讲，甲方和乙方都很成功。

胡　震：从艺术和商业融合的角度看，OCT 最成功的一次策划应该是华侨城地铁项目吧。当时选择王广义、张晓刚等艺术家的用意是什么？在一般人看来，地铁似乎只适合涂鸦，并不适合做他们那样的当代艺术作品。

黄　专：其实就是这一点有意义。当时为什么会选这三个艺术家，我觉得如果没有这三个艺术家，这个事情就不好做了。不是说他们有名、他们的作品重要，而是因为没有这个重要性，它就不成立，所以这个关系是倒过来的。我曾经讲过，当代艺术有一种智慧叫"不可拒绝性"，即当代艺术必须发生关系时的"不可拒绝性"，我跟赵汀阳专门谈过这事。所谓"不可拒绝性"指的是你不是完全以一个批判者的心态强行去做什么事情，你不允许我也要冲破禁忌去做。我觉得这个是很当代的姿态，比如说我要破坏你，我要批判你。当然，这个姿态有它的革命性，但是我觉得真正好的艺术，或者说一个好的行为，一定是带有某种不可拒绝性的。比如华侨城地铁这个项目，它的意义太丰富了，讲起来太复杂了，实际上你要把这件事情做成每一个人都能接受，而且都从它的意义上接受，最后还要在你的操控之下。当时地铁公司提出来的想法是每一个站的方式都不同，华侨城这三个站由华侨城来做。从地铁的公共装饰来讲，这是个挺不错的想法。而华侨城的想法是，他们有一个美术馆，当然要做得与众不同，但是究竟怎么不同法他也不知道。那么到了我这里，我的想法是我肯定不会去做什么装饰，因为我不是设计师，我也不是搞装修的。严格地讲，地铁公司需要的东西我做不了，华侨城需要的东西我其实也做不了。当时我就想，首先我的方案既不能跟他们完全一致，也不能完全违背他们的意愿。如果选择做三个行为，或者挑选三个年轻艺术家的画，他们会不会感兴趣。当时挑选他们，考虑的就是这三个人具有某种标志性，他们的参与或许会出现问题，因为他们的作品从来没有在公共空间出现过，更何况是地铁。方案拿出来后，我跟三个艺术家说我要在地铁做个展览。严格地讲，这三个艺术家并不稀罕什么展览，但在公共地铁里做展览，这是前所未有的事情，也是他们唯一感兴趣的点。所以对他们来说具有某种不可拒绝性。还有一个问题，华侨城希望能够在展览后收藏三位艺术家的作品。价格上也可以商议。当然，华侨城也还有一个文化上的目标，他的确觉得这个项目非常有意义。后来经过各种努力，最后就在地铁站展览了一个月。这件事情你不能说它完全完成了，因为它毕竟还不是我们当初设想的每年起码有一段时间必须放在那里，这个目标还没有达到；其次，我们原来想永久地放在地铁，变成一个标志。甚至想把它的十二个站全部放当代艺术作品。当然，现在不可能达到这个理想状态，当时这件事情在某种意义上能够成立，一方面有艺术家的认可，另一方面对华侨城来讲，也是一笔财富。现在很多美术馆和拍卖行都盯着这三幅画，但何香凝美术馆的条件是十年以内不能拍卖，十年以后我觉得如果一个企业为了钱去拍这三幅画就太不值得了。所以我觉得整件事情就是刚才所讲的具有"不可拒绝性"。的确，所有立场、思想、智慧必须落实到一件具体的事情上才能完成。所以我个人认为这是我最满意的一次展览策划。有人批评说我是一个后殖民主义者，也有人说你为什么不选另外三幅画，我觉得另外三幅画就没有"不可拒绝性"了。比如说我拿一个年轻艺术家的作品，我肯定最便宜的就几万块钱，但对各方来讲就不具备我所说的当代艺术的"不可拒绝性"了。

胡　震：展览的那一个月大家是不是都挺担心，得日夜守着才行啊？

黄　专：我觉得其实没那个必要担心。他们其中一人说最好是有人破坏。我说现在不是你的，当然不怕破坏，扔一块砖头或什么的都可以。这件作品最开始设想是做成固定的壁画，不是做油画。我当时跟艺术家开玩笑说，你们就相当于16世纪文艺复兴时期艺术家接到教堂的壁画任务。后来他们还专门研究湿壁画的画法。最后主要是因为地铁环境太差，又热又潮湿，没有办法在墙上画。后来考虑用油画，一是它具有灵活性，以后做什么改变也不困难；再一个就是可以收藏。其实他们当时很希望画成壁画。

胡　震：那将会成为永恒，是吧？

黄　专：是。中世纪人崇拜上帝，就修座教堂；现代人崇拜速度，所以修条地铁。这是一样的，实质上是完全一样的。没有历史，就不会有这种思维，我觉得历史在这个地方可能就是，你会以这样的思维方式来思考这个问题。

胡　震：还会每年拿到地铁站展出一段时间吗？
黄　专：我对这个已经没有什么兴趣了。

胡　震：您已经完成了您的"不可拒绝性"项目的策划和实施……
黄　专：也为他们创造了巨大的财富。

胡　震：当时的300万元，现在已经是几千万元乃至上亿元。
黄　专：现在也有国外的美术馆提出想收藏，或通过他们进行拍卖，但我觉得这个已经跟市场没关系了。如果这三件作品还跟市场有关系，我觉得就不是那回事了。

胡　震：您原先研究中国古代画论，后来转向当代艺术批评，并成为圈中具有重要影响的艺术批评家之一。从古代到当代,这种转变的原因是什么?两者之间的矛盾又是如何解决的?

黄　专: 我觉得对现代艺术感兴趣,实际上是我们那一代人精神上的一种选择。1980年我读大学的时候,去北京刚好看到"星星画会"在中国美术馆的展览,那应该是我第一次接触现代艺术。1982年毕业分配到郧阳师范高等专科学校,在那里认识了王家新,他属于中国第一代现代派诗人。1984年在湖北编《美术思潮》。所以严格地讲,我真正学艺术史是从1985年开始的。其实我们那个时代的人,跟艺术没有现在分得那么开,什么是做研究的,什么是搞运动的。当时一方面的确是觉得有兴趣,另一方面"文革"刚结束,大家都觉得环境还不适宜,希望能够找到一条道路,这就是我们当时选择当代(现代)的基本环境。当然,矛盾总是有的,我在开始跟阮璞先生学习中国古代画论时,实际上已经在编《美术思潮》了。从一个学者的角度,阮先生并不太愿意我参与,我自己也有些矛盾,因为做学问和参与这种公众活动肯定是有冲突的,但我又觉得两种生活其实是可以统一的,关键看你站在什么样的层面上看问题。对我来讲,两者都需要。而且我觉得20世纪80年代自己在做学问和参与运动这两者之间统一得还是比较好的。编《美术思潮》主要也是做一些思想性的介绍,对各种运动还是保持着一定的距离。90年代到广州后,可能是生活状况的变化,加上自己还是想在当代领域做些研究,所以涉足当代相对就多一些。不过我现在觉得当代离我越来越远了,现在的当代,整个性质和状态都变了。

胡　震: 目前的当代艺术生态与您当时的环境相比差异真有那么大吗?

黄　专: 已经不是一回事了,在性质上也不是一回事,人与人的关系也都不一样了。80年代,甚至90年代中期以前,开个玩笑就是属于原教旨的当代艺术,现在基本上都变异了。现在严格讲,我们做的一些事情基本上和它没什么太大关系,所以我觉得更没有什么矛盾了。做研究只是过去的事情,做当代还是现代的事情,其实是一样的。比如说我研究明代,明代很多情况都很像现代,无论是社会风气还是人的交往方式、人对经典的态度等,都很像现代。所以,人,我觉得他逃不过自己的历史,人都是在自己的历史中生存,所以你研究历史无非也就是研究人。我看当代的时候,就很喜欢用历史的方式来看,因为历史上人的很多活动都是重复的。然后我研究历史,发现有很多跟现代相似的东西。也就是说,我们可以从跟活生生的人的交往中来理解历史,这是没有任何矛盾的。我跟巫鸿多次聊过这个问题,很多人认为他做当代艺术实际上会影响他的学术形象,但他觉得这没有什么——可能欧洲学者非常强调这个,美国的学者甚至会觉得这还是个很大的问题。我跟他谈很多具体的事情,比如说,他说中国古代其实有很多东西属于观念艺术,他现在一直在研究墓葬,就是中国古代为什么总把最好的东西放在地下,"葬"就是"藏"啊,就是要藏起来。如果从视觉艺术角度来讲,这是不对的,最好的创造应该是给人看的,为什么要藏起来?这个想法是很观念的,就是要破解为什么当时会有这么一种思想,最好的东西要放到地下去。就"藏"的思想而言,跟欧洲的不太一样。反过来,这些思想也可以影响你判断现代的作品。人的活动都是共通的。

胡　震：当初选择研究当代艺术的时候，是否有种渴望写进历史的理想和抱负？

黄　专：当时是有，特别是在80年代和90年代初的时候，以为我们做的事情将来可以进入历史，现在想起来实际上是很幼稚的一种幻觉。记得我当时写过一篇题为《谁来赞助历史》的文章，现在看来很滑稽。因为首先我们主观地想重设一个历史，然后想象这个市场应该为它服务，其实这两点都很荒唐。但我始终认为，艺术成为人类的活动，无非通过三个通道：市场通道、名利场通道和历史通道。所谓市场通道，是以商业行为和方式进入的通道，这个通道我们原来没有，但现在有。我们的艺术家现在都在往这条通道上挤。当然，也有想法不同的艺术家，比如说张晓刚，他的画去年在美国拍到1000万美元，他给我发了个短信说：黄专，为什么老是要我做前锋？我说我不知道。其实他有那种意识，他觉得这个"市场"是个坏东西。真正的艺术家是很讨厌这个东西的，当然，他没成功的时候肯定需要卖画。后来他这次去的时候就说：哎，老岳终于在我前面了！真正严格的艺术家绝对不会看重这些，所以他们会有孤独感——你们为什么老想知道我拍了多少钱，这跟我一点关系都没有。所以我觉得第一个通道是可以由艺术家控制的。第二个通道是名利场通道。名利场通道比市场通道复杂。你参加什么展览，被什么新闻媒体认可，这些都属于名利场范畴。艺术家可以对这个通道有部分的自主权。艺术家可以选择，特别是现在，你可以把自己打扮成一个明星，或者你不跟艺术家来往，你跟新闻界来往，通过新闻界成功，这个也可以。我觉得名利场通道也不是一个严肃的艺术家所应该关心的。我唯一关心的是进入历史的通道，这是你自己可以把握的。当然，进入历史的通道有很多偶然性，如写历史的人如何撰写，当时整个历史背景如何，他会选择怎样的艺术家等。我觉得进入历史的艺术家要有主动性。进入历史的人，人们对你的所有判断，标准更全面一点，或者在某种程度上叫超越。

胡　震：作为一名有影响的艺术批评家，您选择艺术家及其作品的标准是什么？

黄　专：我没仔细想过这事，但是肯定有标准。

胡　震：您曾经说过，您很感谢OCT这么一个平台，您要用这个平台来为你们这一代人做你们理想当中的当代艺术。为什么只把目光放在你们这代人身上？还有，您心目中理想的当代艺术是什么样的一种图景？

黄　专：一代人只能做一代人的事情，这是一个基本的原则。这一代人不管是你的经验也好，你的局限也好，你只能做你这一代人的事情。当然，一些很好的批评家或策划人，他们可以做得很时尚、很前卫。有人有这个能力，但我没有。这个由你的经验所决定，经验决定你的判断，判断决定你的选择。对我来讲，判断一个艺术家的高下，仅凭一两件好的作品是根本无法做到的，我觉得艺术家首先要有一种意识，有自己的思想逻辑，而逻辑是不可能通过一两件作品，甚至是一段（时间）的作品就可以体现出来的。比如说王鲁炎，他这个展览非常好，但他的展览方案早在1994年就已经出来了，当时我就跟他说，你的方案不实现，它永远不会有意义。当然，现在已经把它完成了。所以我觉得一个艺术家的逻辑，它不可能通过一两件作品或者一两年的时间来完成。在这一点上，我可能跟其他人不太一样，我对艺术家的评价一定要有个时间的概念。比如我在 1996 年写过一篇评论，现在拿来看，我觉得也还是成立的，我认为尽管艺术家现在的作品形态和风格都在变化，但是他们的逻辑依然存在。你要是说我有什么标准，可能还是喜欢用史学的方式看问题，这在某种程度上也是一种局限。所以我只能说在我的视野内，好的艺术家基本上也就是那几个，像黄永砯、王广义、林一林、张培力等，综合来看，他们的作品在逻辑、智慧和方法上的表现还是很突出的。另外，我也很看重艺术家的人品，有的艺术家很聪明，做得很好，但人品不好，我也不会跟他做朋友，当然也不会提他。严格讲是没办法客观判断的。

胡　震：近几年，王广义的作品产出无论是数量上还是质量上似乎都处在一种停顿的状态，他自己好像也在刻意回避媒体的注视，这是为什么？

黄　专：王广义、张晓刚，还有汪建伟这些艺术家，他们都面临着一道坎，过了这个坎，就上去了。其实这不仅仅是他们几个人的问题，整个中国当代艺术都是如此。这段时期特别重要，他们一直在思考，没有停止过，就是这个坎怎么过。严格来讲，中国没有几个人在想这件事。你要是现在从地位来讲，国际上就那么几个人。但是真正跟国际大师相比还是有距离。这个也不光是他们个人的因素，因为要过这个坎得近乎学究般的讨论，他的文章严谨通达，常常有些不同凡俗的精辟论点，而在他去世前的一段时间，也许是出于对当代艺术的失望，他开始把学术兴趣转移到古代画学研究上去。大概是 1986 年的夏天，我已无法记得具体时间和情景，严善錞带我去杭州见范景中。那时范景中正忙于编辑《新美术》和《美术译丛》，致力于引进西方艺术史学和对黑格尔主义的批判。他身边已聚集了一群抱负远大、才智过人的学术伙伴，如洪再新、杨思梁、曹意强和广州的邵宏、杨小彦。记得他曾称贡布里希这样的艺术史家"敏赡睿哲，博识渊深"。而范景中本人也完全配得上这样的形容，不过在他的身上还有一些中国文人特有的内敛沉着、娴雅从容的气质，在我认识的学者中，他是不多见的能够将思想和学识完美统一的一位。整个 80 年代，中国现代艺术界都弥漫着黑格尔神学性的历史决定论的气氛，"时代精神"和"民族精神"几乎成为每个运动领袖和参与者的口头禅。正是这种氛围使范景中和他的学术伙伴在艺术史学领域进行的学术清理有了某种实践的意义。记得在为《理想与偶像》一书的中译本所作的序言中，范景中就以辛辣的口吻嘲讽了那些"体系崇拜者"和鼓吹"进步论""国画衰落论"的理论家。这时，我已入读阮璞先生的中国画学的研究生，而严善錞正为"清算"董其昌大下苦功。波普尔、贡布里希以"情境"代"精神"、以"趣味"代"时代"的史学观念深深地影响了我们的研究，以至于在后来结集出版这一时期的研究论文时，我们为它取了个生硬的贡布里希式的书名：《文人画的图式、趣味与价值》。80 年代末，由于范景中的这种影响，我们几乎远离了运动的现场，潜心研读经典，希望为我们憧憬的中国式的"瓦尔堡学派"做些学术准备，我们称它为"练童子功"。不过，范景中的突然患病似乎改变了一切。记得那年我和严善錞在杭州郊区的一所医院里看望他，回来的路上我们都沉默不语。在我的一生中也许是第一次体会到，一个人的生死是那样紧密地与一项学术事业息息相关。1991 年，我应邵宏、杨小彦之邀来到广州，那次南迁与其说是一次工作调动，还不如说是一次逃亡，当时武汉的气氛完全可以用窒息形容。与他们的结识起于我在武汉参与《美术思潮》的编辑时期，而后在杭州的几次聚会使我们成为范景中学术圈中的伙伴，他俩理论素养和才智极高，而且都有很好的逻辑和语言功底，在清理哲学和艺术学领域里的黑格尔影响的学术运动中，他们写过几篇文风犀利、逻辑严密的文章，给人印象极深。刚来广州的一段时间，似乎是沉闷和漫无目的的，直到1992年吕澎为筹划他的广州双年展来广州进行游说时，情况才发生了变化。吕澎学政治学出身，80年代就翻译过几部西方现代艺术理论著作，后来写过几部大部头的中国当代艺术史，是这个领域的开山人物。他是一位热情四溢、精力过人、具有极强感召力和鼓动性的思想家。也许是敏感地察觉到了经济的"政治学价值"，在向市场型消费时代的转型关头，这个以"市场"为名的展览不仅第一次大规模地调动了中国的民营资本，而且在某种程度上成为中国现代艺术转向当代艺术的社会标识。当然，这场在经济上以失败告终的展览也真正开启了中国现代艺术的"名利场"时代，与奖金挂钩的"学术评审"、不成熟的艺术市场的暗箱操作都开始使人体会到一种完全不同于80年代理想主义的世俗世界的到来。现在想来，这个展览对我个人生活的改变是，我开始真正进入那个被称为"当代艺术"的名利场，并从此与学问之途渐行渐远。文艺复兴时期，人文主义者喜欢讨论一个主题：沉思默想的学者生活和活跃进取的功名生活孰优孰劣，我不知道这类讨论在我们这个时代还有无意义，但我总觉得在这两者间也许会存在某种程度的兼容，所以我常用"行动的默想"来为自己的选择辩解。80年代初对自由独立思想的渴求经过波普批判理性主义的洗礼变成了一种行动的欲望。在接下来的几年中，编辑杂志、筹划各类国内外展览占据了我生活的大部分时间。这些活动大多没有明确的目标，多凭兴致和条件，我把它们称为"社会测试"或"思想游戏"，而非专业性的艺术活动。听朋友说有位网民把我归入"不懂装懂型"策划人范畴，真算是知己，可惜称我为"策划人"已属抬举。2001年的一场大病后，我就一直在揣摩上天的意图，在我的很多善意的朋友和敌意者看来，我仍选择一种追求功名的世俗生活简直匪夷所思，而我自己则还是希望把这种选择看成一种独特的沉思默想，一种无法解释和无须解释的"雾中的自由"（昆德拉语）。如果这种自由无意中冒犯了他人的利益，我只有报以歉意。最近我完成了一个夙愿，就是为张晓刚的艺术写点东西。这不是为了学术，也不是为了和他的友谊，而是为了自己，为了自己的灵魂（虽然在"后现代"语境中这种表述显得有些滑稽）。在这篇文章中我把他称为"自述型个人主义"以区别于"道德型自由主义"。我一生都在讨厌和怀疑那些把自己伪装成道德主义的人，在我看来，他们的毛病不仅在于伪善，而且在于说谎。而这篇东西只在赞扬艺术中最基本和最高贵的一种品质——自由和独立的思想，它们可以是伟才雄辩，也可以是喃喃低语。

吕　澎：光环的背后

从批评到策展，从美院教师到美术馆馆长，从艺术史写作到艺术经营，吕澎在当代艺术圈中拥有多重身份，他的名字也经常与"大腕"们连在一起，且一直站在风口浪尖上。从20世纪80年代开始，吕澎就系统地研究中国的当代艺术，每十年就会有一本艺术史著作出版，他对艺术家的个案研究十分深入，数万字的个案研究文本已司空见惯。第三本艺术史专著《新艺术史2000—2009》目前也正在编写中。用吕澎自己的话说，他在写史过程中，发现不得不介入这个历史的进程，于是便有了"广州首届油画双年展""青城山美术馆项目"以及近年的"创造历史""威尼斯双年展特邀展"等。即便他的各种活动都饱受争议，但其中的积极意义却昭然可见，单是为当代艺术建构商业链条，吕澎也可谓居功至伟。从去年开始，吕澎在国内外推动"溪山清远"的展览课题，继续"开荒种麦"，成都双年展再一次成为艺术界的焦点。然而，吕澎却无奈地表示，他最想做的事情，只是写作。

"没有很神秘。只能说，我谈的时候是乐观的，他们也想得很乐观。"

胡　震：您一直身兼数职，既教书，又做批评、策展，现在又多了一个身份——成都当代美术馆馆长。您以后会把精力更多地放在哪一块？

吕　澎：这是不能自已的，我最想做的只是写作。在写当代艺术时发现，有很多事情需要直接去推动，而不仅是做旁观者。只有做了，成为事实，才能构成历史需要的材料。

今天涉及的艺术经营，也不是我想做的，只是经营者不会做，也缺乏判断力，就得带他一把。这个美术馆，我答应来做三年。说实话，我对行政一点兴趣都没有。但既然做了，就要把它做好。没有专业人员，就把我的学生培养起来，带出一个队伍来，才是根本的出路。

胡　震：从1992年广州双年展开始，您一直在用自己的方式推动着中国当代艺术的进程。众所周知，1992年的广州双年展主要是以市场的方式为艺术寻求出路，但客观上，它对当代艺术市场机制的建立影响深远。当时做双年展时，您的真实想法是什么？

吕　澎：当时有个问题，即现代艺术该如何面对未来？现代艺术不具备合法性，因为各方面都不支持它。第一，意识形态不支持；第二，法律制度不支持，制度也就谈不上，也就根本没有买卖和流通；第三，媒体也不支持。整个社会结构都不支持，它怎么可能发展？艺术市场是一条出路。可是当时根本没有市场，而且我对市场本身有点厌恶。我还办了一份艺术杂志，那本杂志叫《艺术·市场》，中间的圆点意思是说，艺术是艺术，市场是市场，它们是两回事。杂志可以推介现代艺术，但是那时现代艺术正在受到批判——这本破杂志能起多大的作用呢？

胡　震：我们现在去看当年的历史时，杂志就挺有用的。

吕　澎：对。但当时只有展览才具有实际推动艺术的可能性。在1992年之前，全国的现代艺术展览屈指可数，把艺术推向市场也许是一个通路，所以有了广州双年展。那时，我在读德里达和福柯的书。他们让我坚信，真理其实是虚妄的，当一件事情构成了事实，姑且不论是否有价值，但起码成了事实。我当时写了两篇文章——《艺术走向市场》和《展开90年代》，说要用新的体制来替代过去的改革路线。这两篇文章谈到的我们如何看待艺术的合法性和有效性的问题，我觉得到今天都适用。德里达和福柯让我重新认识了权力，权力无非来自政治、经济和社会各个方面。我们至少可以从经济上寻求支撑，这件事情不就有它的可能性了吗？举个例子，开展时，有八件作品不符合审查的标准，被管理部门撤下来，其中就有王广义的《大批判》。我说那要把艺术家的300元报名费退回去，投资人不同意，结果管理部门的人说没有义务退，我说这些作品就只能挂在墙上。这个例子听上去很脆弱，但它说明了游戏规则正在发生变化。

1992年，当时"权力""操作"这两个词我用得最多。当然，我挨骂就是因为这两个词，说我对艺术一点兴趣也没有，有兴趣的是操作和掌握权力。但是他们不知道，如果没有这两样，当时能干什么？我们所有的资源最终都是为了艺术，难道我们还对艺术的本质不负责任吗？没有让一个展览发生，没有让一个艺术家的作品卖掉，难道就是负责任了吗？负责任靠什么来体现呢？靠灵魂？我们也看不到。

胡　震：事实上，难的不只是针对当时权力和意识形态的抗争，更难的是，或者说，大家迷惑的是，您怎样说服那些对艺术一无所知的人，让他们拿出钱来做艺术？去年您做的"改造历史"展览和现在做的"典藏历史"展览，其实都有这么一个问题存在。能否谈谈您在这方面的经验？

吕　澎：我不知道该如何回应这个问题。其实每个阶段不太一样，广州双年展时正好碰上投资人是做国画买卖的，商人很简单，只要赚钱。我告诉他这是会赚钱的。第一，报名费300块钱，假如有一千个人，就有30万了。为什么有一千个人呢？之前的第一届油画展，他们报名的有八百多人。为什么要掏钱还会有那么多人报名呢？因为我们设置了有奖金的奖项，重赏之下必有勇夫。第二，广东是市场经济的前沿，所以赞助的可能性是存在的。第三，在广东有画廊，港台跟广东粘连，能卖画。这些加起来有100多万。正好香港第一届国际艺术博览会也是在1992年举办，我说到时候把获奖作品拿到香港去，怎么卖不了呢？就这些原因，没有很神秘。只能说，我谈的时候是乐观的，他们也想得很乐观。

所以那次我用的是经济学的基本道理来跟他们沟通。但从那一次开始，我决定再也不劝企业做任何艺术投资了。这个想法直到去年我才改变。在这期间，很多情况都是不对的，包括贺兰山，那件事根本不是问题，只是企业内部对如何做这个项目有分歧，没有继续而已。最关键的问题是，贺兰山本身是一个房地产项目，房子是可以用的，不用不能怪我。

"改造历史"有一个最重要的特点就是，投资人说他亏了就算了，反正可以买一些作品。因为做展览买作品比较便宜，本来100万元一件作品，现在是50万元一件。投资人无非是拿那 50 万元来做展览。而这个展览对艺术家、艺术、作品都有好处。到了这次成都双年展，政府要找策展人，我当时都推辞了好几次，可是他们说这次要投很多钱，想找一个有经验的策展人。可我真的不想去做这件事情。

"再怎么样也得判断，只是早判断和晚判断的问题。我比他们胆子大一点，我先判断。"

胡　震：双年展为什么会有这种变化？

吕　澎：政府想用文化之类的东西打造城市形象，政府有这种积极性。所以市场的最大作用就是告诉所有不懂艺术的人这些市场价值。有人说它高的市场价值是虚的，是泡沫。那是另外一个需要讨论的问题。不管怎样，它现在是 3000 万元，你好意思只拿出 300 万元、30 万元吗？

胡　震：这次参展的艺术家都是大腕，他们大部分已经跟画廊签有各种各样的代理条约。在你们谈收藏的过程中，有没有遇到什么市场上的问题？

吕　澎：没有太大的问题，这性质不是买卖，而是支持国内收藏，政府收藏更有价值。这是件好事。

胡　震：如果从市场的角度来讲，这次展览和收藏的意义显而易见，但我们还是听到了一些负面的声音。我想，骂您的人主要是站在艺术的角度，对市场和政府介入当代艺术不能认同。请问您是怎样评判这种关系的？

吕　澎：我不是一个绝对主义者。市场出高价一定有它的原因，当然，不能说每一个高价都有很高的学术水准。因此，我们要具体到对艺术家个人的分析，才能得出结论。另外，我们对当代艺术的判断是否经得起时间的检验？可是，我今天都不确认的东西，我为什么去做？所以我在选择艺术家时，还是以我现在的认识水平去选。那么，我的认识水平究竟在学术上是高是低？第一，你可以用同样的工作来商榷；第二，我们可以等待时间的考验，但是我们不能等到真理出现时才说谁是真理。学术永远是在一个不断修正和试错的过程当中完善的。再过二三十年，回过头来判断吕澎，还是有 30% 是错的，我们要有这个思想准备。可最大的问题是，说别人错误的人自己却不去工作，这是什么道理？所以对这个问题，我是不太在意的。最有效的批判和反对，就是拿出同样的东西，否则，也没什么可谈的。

第二个是关于与政府的关系。我认为最重要的是把我的东西拿出来，如果他允许我做，我为什么不做呢？当然，是不是他说要一瓶某品牌纯净水，我就给他提供一瓶某品牌纯净水？我拿的是芬兰某品牌的手机，你要是说芬兰某品牌不行，必须是某品牌纯净水，那就算了。

胡　震：很多人都认为，这种合法化偏离了当代艺术最初的目标。

吕　澎：对，我觉得当代艺术最初的目标具有批判性。直到今天为止，我觉得艺术的批判性仍然是存在的，但是批判性只是艺术作品的一个作用，并不是它的所有功能，它的宣传功能仍然是存在的。只是说我们了解在什么时期、什么时代、哪种特定的场合、哪种功能可能更有价值。而艺术家的作品可以公开化地、合法地展出，这不就是我们的目的吗？你想自由表达的东西已经有自由表达的空间和时间了，那你还想干什么呢？你会说它被消解了，它的批判性功能已经丧失了。艺术家如何创造出新的作品跟今天的时代和现实粘连，这是另外一个问题，但是你不能因为这个问题而否定前面的那个问题。至于市场里面的判断系统，还比较混乱。这个谁也管不了，我们只能在过程当中改变这种现象。

我记得 2008 年中国美术家协会的五年工作报告里面，有一段很完整的对当代艺术的批判文字——这些歪曲中国形象的艺术不能继续发生了。可是到了现在就转换了态度，难道这不是进步吗？当然，想从根本上一下子铲掉，办不到。我们连真正的美术教育也没有，整个社会判断都没有土壤，怎么可能寄希望于今天和明天就能把这个判断规整完？因此，今天的这种混乱和泡沫非常正常。

胡　震：我个人认为，从 20 世纪 90 年代至今，艺术系统已经有了很大的变化，包括政府的认同，艺术家、批评家等认识的提高。但也存在很多问题，刚才您也讲到，其中一个很重要的因素是艺术教育。从整个系统来思考的话，您觉得到目前为止，当务之急是什么？

吕　澎：一个国家从大的社会结构来说都会谈到经济体制、政治体制，其实艺术道理是一样的，它是整个结构变化的一部分，而每个领域里面都有这种相对独立的问题，比如新的艺术制度。艺术原来有一个制度，是从美协、画院、文化馆一路制定下来的。但是我们认为，这个制度长了一个肿瘤，你可以干别的，但总是有颗肿瘤在那儿搁着，所以现在类似民间的展览、企业办的一些美术机构，我觉得都是新制度的建立。如果有一天，政府通过更大范围的法律法规来支撑、调整它，最后使它具有一种更加完善或形成新制度的机制，也许就变成一个被称为比较成熟的阶段。而我们现在处于更换身体作废部分的阶段。今天换个小肝脏，明天把肿瘤去掉，后天把指甲剪一剪。我们现在就是点点滴滴地做，但是，由于点点滴滴缺乏一种整体性，就有可能废掉，这是没办法的。不过，前几年的经营还是留下了文本、留下了经验，永远是这样。

胡　震：像你们这些在整个圈子有一定的影响力和地位的人，做的每一件事可能都跟你们的愿景有联系。您对未来的理想构架是什么？是跟随西方建立系统，还是在中国当下的现实环境当中有您自己的思考？

吕　澎：还是有一个蓝本或者范本。西方是这样，我们现在也没有别的办法。我们现在先开始去借用，可是我们要有调整的思想准备，最后在寻求中建立起中国自己的东西。但是，我觉得体制大致是一样的，尤其是当了解了我们过去的文明，发现我们只有文化态度、世界观和气质，在方法论上还是可以学一下。所以我觉得我的三十年，第一个十年是学他们的哲学思想，第二个十年是学进入市场买卖，第三个十年开始意识到制度和一些管理的问题。所以现在包括美术馆的一整套东西，我觉得西方的都可以学，但是我们要有思想准备，当遭遇问题的时候，我们需要调整与修改。

胡　震：从您做的那些展览，包括展览的名称来讲，我觉得您是一个很强调历史，也很有历史感的批评家和策展人，包括"改造历史"这个展览，很多人不太认同，但我觉得 reshaping 这个词非常好，就是重塑，要有一个新的意识形态。

吕　澎：对。首先，严肃地说，我认为一个题目本身并不等于一个严谨的学术表达，它可能是一个口号。创造历史是一个常用词，当时为什么用"改造历史"呢？我觉得三十年的当代艺术需要好好反省，这次展览只能把它当作反省的一个过程，提出问题，我根本没有任何奢望这是一个改造或者创造历史之后的成果展。

在 21 世纪，当代艺术的价值取向、出发点和未来有问题是非常明显的。只是从 2004 年之后市场的火爆导致人们不太关注当代艺术本身，而更关注买卖问题。大量高价位的作品其实是对八九十年代的追认，这是正常的市场状况。但是，不管怎么样，当我们去观察当代艺术的时候，就已经有问题了。每个人都有他的道理，但是这个道理只是一千个道理中的一个。直到今天的艺术史写作当中，我们还是希望对大量的资料进行判断、选择，在一万份资料中拿出一百个样本出来讨论这段历史。如果我们将每个人都平均对待的话，我们就失去了一些基本的立场，那么它就变成了一个类似资料汇编的东西。再怎么样也得判断，只是早判断和晚判断的问题。我比他们胆子大一点，我先判断，如果判断错了，就说明我的眼光、水平有问题，但是我知道从历史学的道理来说，其实没有任何中心主义的历史学，没有谁是历史的真相，我们只有历史的书写角度和方式的差异。严格来说，对历史的陈述，一个老百姓把他的个人史安排好之后，都能呈现大历史。所以，更不用说你选择的是一些相对来说是英雄的人物。那么，他们的基本呈现仍然是能说明问题的。我拿宋庄的一个普通艺术家的整个经历来做一次认真的研究，都是很好的个案。这都是新史学最鼓励的方向。问题就在于，为什么我会写这个大框架呢？原因在于我认为我有一个很根本的东西，三十年的价值观、立场要通过大的框架来确定，我认为这是首要的工作，在这个基础上再深入的话，就比较容易了，所以才有了《20 世纪中国艺术史》一书。我把框架弄了，再去做装修，在里面钉钉子就好办了，我们可以不断修订。如果仅仅局部是最好的，它是升不上去的。并不是说我很有兴趣写这些东西，我有兴趣的是写传记、讲故事之类。但是你的出发点是啥，你一路分析问题的时候，都有你的历史框架在起作用。

胡　震：我觉得大众还是蛮认同您写的那些书的，就按您说的，我们来问问有谁能写这个东西。如果您有意见，您完全可以通过您的书把它表述出来。

吕　澎：对，是这样。阮荣春写的是民国，邹跃进写的是新中国，陈履生写的是1949—1966 年间，王明贤和严善錞写的是"文革"。这些我都看过。但我觉得有的作品态度不明朗，有的概念不清晰，所以我就想写一个尽量脱离意识形态层面的艺术史，就是得找到一些人类最基本的观点和态度来判断不同历史时期所出现的各种历史现象。

"因为我要写十年艺术史，看了作品和现场，写书会踏实一些。"

胡　震：就我感觉，您讲的"改造历史"，包括您的文章，是否定过去的历史观和价值判断的，您想要赋予它新的意义、新的认识。我再仔细揣摩，这当中是不是说过去的艺术家更加强调精神性的表达，而忽略了推动当代艺术走向市场这一方面，包括整个市场系统对当代艺术的重要意义。您讲的新的价值，有没有这个意思在里面？

吕　澎：我觉得，可能包括这个内容，一个艺术现象的产生有它最基本的原因，艺术家的经验在他的作品里产生了潜移默化的作用，而我们只要研究这个作用是怎样发生的。比如我们在研究两宋的时候，为什么南宋的小品画更多，而且表达小情趣的东西很多，追究历史，马上发现这跟艺术家的生活地区、工作氛围有关。其实我们研究古代美术史的时候，都能发现这些问题。只是在今天我们都很难脱离急剧变化的现实，到那些艺术家的语境当中来讨论问题。就拿张晓刚来说，为什么不断重复"大家庭"主题呢？第一是最社会化的原因，就是有很多艺术机构非要不可，美术馆需要收藏；第二是有市场，增加数量会觉得有意义。你会发现，社会、市场的原因都影响着这个艺术家，而我们不能用一般的道德批评去讨论这个问题。

胡　震：不管是东方还是西方，大家特别强调创新意识和推出新的艺术家，您做的这些展览——1992年的那个就不用说了，在艺术史上是很辉煌的一笔，的的确确推出了一批艺术家——比如，"改造历史"这样的展览，给人感觉就是有些像在"炒冷饭"，从实验这个角度来讲，它的意义并不是太大。您以后在方法上、目标上会不会有一些调整？

吕　澎：我倒觉得的确是这样。"改造历史"这类的展览，没有新艺术，都是大家很熟悉的东西，从这个意义上讲，它谈不上在艺术史上有贡献。简单来说，它只有当代艺术合法性问题上的一点点贡献，让大家树立信心，让大家觉得这么大的展览可以在国家会议中心举办，让大家多多少少有些欣慰，同时给大家一个反省的机会。其实对我来说，因为我要写十年艺术史，看了作品和现场，写书会踏实一些，我过去写的两本书，从来都没有这么完整地看当时十年的艺术。

至于要做的"溪山清远"展就是我要推的新东西。我觉得这个方向，能对整个艺术界、批评界有种提示性的作用，我也不认为这个方向就能涵盖一切，它可能只是若干方向中的一种，但是比当代艺术完全没有方向要好一些。这个方向在很大程度上讲，就是提醒我们的艺术家和批评家：我们对西方如此熟悉，对自己的却不了解。从艺术创造的资源来说，为什么不能从我们的传统中去寻求资源，而这种提取资源是任何西方艺术资源都无可替代的。在这种情况下，当你熟悉了别人的艺术形式和观念的时候，又能够熟悉自己的，难道不是一种很好的可能性吗？"改造历史"对我的最大作用，使我看到中国当代艺术的一种惯性该停止了，当看到艺术家反反复复的这些东西，可以知道艺术家已经很茫然了，不知道该怎么走了。"溪山清远"是我公开承认想推动的课题。至于这是不是我们自作多情或者怎么样，那再说。如果没有积极意义，就只能说明我们这些人该结束了，我们对当代艺术做不了什么事了，做点研究算了。但是我现在很自信。我们在伦敦做这个展览的时候，外国人把整个展览走遍了，而且他们很喜欢，他们能马上把当代艺术和中国的传统联系起来，这是不得了的。

吕澎的几句话

对于今天的策展人来说,他不要奢望自己的思想和观念能够成为艺术圈子里认可的东西,至于社会范围,就更不要想了。这个逻辑会很容易引起人们发问:"那为什么要做展览?"

尽管我们鼓励思想与态度的多元化,但是,我还是想说,作为个体,追求一个决定自己未来的稳定的价值立场却是最最重要的事情,价值观是我们策划展览的基础。艺术的丰富性来自众多艺术家、批评家和策展人的工作,但这不等于说每一个个体都可以随时改变他的基本态度。那些随着社会的万花筒不断变换花样的人怎么可能是一个人物?

有很多人想做策展人,我问为什么?有的回答是:这个角色有权力,能够按自己的意志完成一个事件。又问:完成一个事件又怎样?答:很有成就感。这个回答代表了部分人的意见。可是,我们需要实现怎样一个成就感呢?事件不是事情,重要的是要让事件成为一个有意义的事件。可是,谁是判断一个事件是否具有"意义"的裁判呢?尽管我们需要观众,需要别的批评家、策展人、媒体和研究者的意见,但是,真正的裁判其实是自己。那些站在展览厅里等待开幕的观众真的是我们工作的评估者吗?不是。事情正好相反,他们带着不同的趣味、知识背景、个人经验以及政治立场来到我们的展览中,更多的是接受展览的教导。否则,展览的意义是什么呢?展览的目的是传播而不是接受。

策划一次展览,就是我们表达自己的价值观、审美趣味以及知识经验的机会,我们相信自己的感受与思想具有某种别人没有的特征,我们需要竭力通过一切手段将我们的感受与思想传递给他人。于是,我们选择艺术家、选择作品、选择投资人、选择时机、选择场地、选择灯光、选择材料、选择推广方式,如此等等的选择,这些工作都是策展人的工作。有很长的一段时间,大多数中国策展人并不注重各个环节的重要性,他们总是觉得,选好艺术家、写出一篇前言、在开幕式上出场讲讲话,就是他们工作的全部。而事实上,这样的策展人实际上是一个以专业为名的骗子,因为他们几乎没有做什么策划的事情。

策展人首先应该是一个价值观的传播者,他要通过展览推出一种价值观基础上的艺术,尽管他完全不用事先讲述他的价值观是什么,但是,他的所有工作都应该是一种价值观的呈现而不是模糊。主题是一个策略,而主题本身隐含着价值立场,他之所以选择展览中的艺术家或者作品,也正是他基于一种价值观之上的美学选择。如果主题不能引申出一种价值观,那么这个展览的意义就谈不上存在。

策展人是一个新空间的缔造者,他要通过调动一切可能的手段、材料与工具,将展览打造成一个独特的空间,让观众能够在这样的空间里尽可能地体会、感受和看到你的思想与欲望。仅仅将作品摆放在一个空间里的想法是简陋而缺乏思想的,任何一个形象、符号和物体的摆放,都应该体现出它们在空间中的关联作用——它们共同构成了一个独特的展览。

策展人是一个展览项目的总经理,尽管画廊与美术馆提供了事务性的负责人和工作人员，为了实现策展人的设想，他们都必须按照策展人的设想进行工作。可是，策展人如果不在现场，展览的执行与最终效果将大打折扣。在很多情况下，策展人必须身体力行，工作具体到直至对灯光的微调或者对作品标签的位置的确定。大型展览几乎就是一个巨大的工程，尽管我们理论上存在着专业分工，可是，直到今天，策展人的身份仍不足以让他摆脱展览中不同阶段的若干事务，何况即便是确定作品标签，也是一个与展览设计有关的美学课题。

策展人是一个公共关系的策划者，在大多数情况下，对开幕式与学术会议的组织准备都来自策展人基于展览思想的考虑。嘉宾的构成、宴会的安排、学术会议的策划、不同类别活动的流程，都不单单是画廊或美术馆的工作，所有的工作安排和组织，都应该尽可能地被笼罩在策展人设计的氛围中，让展览以及与展览有关的活动共同构成一种不可替代的影响力结构，以实现策展人的目标。

实际上，今天中国的策展人应该是一个具有综合素质和能力的人，他不仅是导演，也是场记，有时也是一个灯光师，同时，他也扮演着制片或剧务的角色。这些听起来很不专业的表述却反映着策展人今天的状况，在相当长的一段时期，中国的策展人都应该在这样的结构思维中工作，直至中国的艺术制度完全建立起来的那一天。到现在，回答"为什么要做展览"这类问题时，我还不能做到令人满意。不过，一旦我们认真地进入这项工作，认真地扮演着策展人的角色，我们就事实上在回答关于策划与展览的若干问题了。我们通过行动在证明：每一次策展就是一次人生独一无二的履历。这足以说明策展的意义，也就用不着去顾及我们今天究竟处在一个什么时代了。

玛丽娜·阿布拉莫维奇：为理解和尊重而奋斗

玛丽娜·阿布拉莫维奇在行为艺术界活跃了四十多年，她的很多作品都给世人留下了深刻的印象，包括《节奏0》（1974年）、《无量之物》（1977年，2010年重新实施）、《七个小品》（2005年）以及《艺术家在场》（2011年）等。玛丽娜对身体极限的挑战，对心理的可能性以及行为艺术家与观众之间关系的探索最终不仅让大众真正地理解并且尊重行为艺术，而且改变了行为艺术作为一种另类艺术形式的格局，成功将其融入主流艺术。作为一名具有超凡魅力的行为艺术家，玛丽娜对行为艺术的解读无疑会引发我们对行为艺术的更多关注。毕竟，行为艺术这种艺术形式在今天的中国要想获得广泛的认同还有很长的路要走。

胡　震：您在行为艺术界活跃了四十多年，您的很多作品都给世人留下了深刻的印象，包括《节奏0》（1974年）、《无量之物》（1977年，2010年重新实施）、《七个小品》（2005年）以及《艺术家在场》（2011年）等。您一直在挑战着身体的极限，探索心理的可能性以及行为艺术家和观众之间的关系。作为当今行为艺术界重要的艺术家之一，您是怎样理解行为艺术的？坦白说，这种艺术形式即便在今天的中国，仍然很难得到广泛的认同。

玛丽娜·阿布拉莫维奇：我在艺术圈奋斗了四十多年，就是要让大众理解并且尊重行为艺术。我逐渐改变了行为艺术作为一种另类艺术形式的格局，成功地将其融入主流艺术，而这也是过去十来年的事。这个过程很缓慢，也很艰辛。我对中国的情况知之甚少，无法更多地去谈论中国的行为艺术，也无从得知为什么到现在这种艺术形式在中国没有更受认可。

胡　震：2005年，一位中国艺术家在尼亚加拉大瀑布附近的尼亚加拉河实施他的行为艺术作品时，被当地警方带走。2007年6月8日，一位丹麦艺术家在法国勃朗峰峰顶用红布覆盖峰顶，他还拿着一根20英尺（约6.1米）长的旗杆，旗面上写有"粉色国度"字样。他被逮捕了，因他试图把峰顶染成粉色而被拘留，尽管他是为了提高大众对环境恶化的注意。大众，有时即便是那些所谓的专家，似乎也会把行为艺术和暴力、性和自虐等混为一谈。您如何理解行为艺术中那些出格的想法和行动？我们是否应该找到一种更好的方式来避免行为艺术中出现此类极端现象？

玛丽娜·阿布拉莫维奇：我的立场是，艺术家必须有自由去表达他们的想法，同时公众也有自由去接受或者拒绝他们。我不想去评论任何一个您所提到的行为特例。我想借机转向艺术史来谈谈这个问题。记住，建筑师埃菲尔，当初在建造巴黎埃菲尔铁塔时受到来自全世界的粗暴对待，而现在当时的那座塔已然成为巴黎的象征了。有时，一些行为或观念会超前于人们所生活的社会。有时，艺术需要假以时日才能被人们所接受并以恰当的方式被理解。根据我的经验，对艺术家而言，最糟糕的莫过于对他们的作品漠不关心了。

  胡　震：您曾经在不同场合宣读过您的"艺术家人生宣言"。当中您特别提到，一位艺术家要避免爱上另一位艺术家。您怎样看待您和乌莱之间十二年的关系和合作？或者说那和行为艺术有关联吗？

  玛丽娜·阿布拉莫维奇：我的艺术宣言充满了矛盾，您提到的这个例子就是诸多矛盾中的一个。我人生中最爱的两个人都是艺术家，但两段感情都以悲剧收场。我不是在承诺说以后我再也不会爱上别的艺术家了，我在宣言中想要表达的东西是根据我的经验得出的，即如果可以的话，我们要避免爱上别的艺术家。

  胡　震：在回答行为艺术和戏剧的区别何在时，您坚持说"作为一个行为艺术家，你必须要恨戏剧，因为'戏剧是假的……刀是假的，血也是假的，情感也是假的'。行为艺术恰恰与之相反：刀是真的，血是真的，情感也是真实的"。我明白您在行为艺术中尤为强调的"真正的现实"，但是，一些行为艺术家却似乎把行为和实验戏剧融合在一起了。您怎样评价当今和未来其他艺术形式整合到行为艺术中的这种现象？

  玛丽娜·阿布拉莫维奇：对于作品和他们所生活的世界，每个艺术家都有不同的理念和不同的态度。这好比你作为一个刚起步的艺术家，必须不认同你父母的观念，这样才能建立起你自己的身份。现在，我已经建立起我自己的身份了，我对戏剧也很感兴趣。我刚参演了鲍勃·威尔森的《玛丽娜·阿布拉莫维奇的生与死》，没有掺杂任何半点行为的成分——除了在鲍勃·威尔森的戏剧现实中。这个经历对我而言极其宝贵。现在，我正在和西迪·拉比·切克欧和达明·亚雷同台工作，在巴黎歌剧院演出一个新版本的《波丽露》。同样，这也是我以前从来没有碰过的领域。我认为艺术家应该有自由去建立自己的规则并且在必要时去打破它们。你必须冒险去实验，并且如果你在此过程中失败了，也要能够从中学习。

  胡　震：2010 年，《玛丽娜·阿布拉莫维奇：艺术家在场》，一场持续七百三十六小时三十分钟的行为艺术在纽约现代美术馆完成。在展览的过程中，成千上万的观众被邀请轮流坐在您对面，静静地看着您的眼睛，如同他们所面对的是女神，而不是一个行为艺术家。当我看到名为《玛丽娜·阿布拉莫维奇：艺术家在场》——基于您的生活和 2010 年您在纽约现代美术馆的行为艺术而拍摄的纪录影片时，我深受感动。我想，如果行为的主体不是玛丽娜·阿布拉莫维奇，而是由她的学生来做这个作品，会发生些什么呢？我的意思是，玛丽娜·阿布拉莫维奇是独特的，是不可替代的。人们是冲着玛丽娜才来看展览的，而不是其他任何人，甚至不是冲着行为艺术本身来的。

  玛丽娜·阿布拉莫维奇：我在学生时代或者年轻的时候，是做不出《玛丽娜·阿布拉莫维奇：艺术家在场》这样的作品的，原因很简单，就是我没有这样的人生经历、专注力和意志力。这需要四十年的积累，到人生的这个点上才行。你来到纽约现代美术馆，看到的不仅仅是我一个人坐在那儿，而是我整个的人生和所有的创作都在其中得以呈现。这就是这件作品难以被他人替代的原因。

胡　震： 2005年在纽约的古根海姆博物馆，您再现了五位艺术家最初在20世纪六七十年代呈现的行为作品《七个小品》。在电影和戏剧中，翻拍前辈作品这种现象司空见惯，但在行为艺术中，再创作原作的现象鲜有所闻。根据您的经验，如何理解行为艺术中阐释与重新阐释的问题？

玛丽娜·阿布拉莫维奇：《七个小品》是我向新生代艺术家所提供的一种解答，以便他们能通过现场的再次行为来理解过去。我们可以通过记录去接触到20世纪60年代和70年代那些低质量的图像和视频，但同时，我把这些记录看作一个痕迹。通过再次展现它们，我们让它们复活了。即使再现它们的人会把自己的想法和个人的魅力加进去，它还是比不再现好。行为艺术是一种活的艺术形式，它要通过现场才能一直鲜活下去。

胡　震： 最近几年，您在世界各地的美术馆和画廊空间表演行为艺术，参加各种活动，为推动行为艺术的发展尽心尽力。我知道"玛丽娜·阿布拉莫维奇基金"是为保护行为艺术而创立的一个非营利性组织，许多年轻人都渴望通过培训成为一名行为艺术家。我对您的教育项目知之甚少，我也觉得一个好的行为艺术家不是训练出来的。您如何看待行为艺术的教育问题？

玛丽娜·阿布拉莫维奇： 好的行为艺术家不需要受训，我觉得这样想是错的。很多事必须去学习，也有很多事是可以学会的。我的学院将这种可能性教给学生，通过工作坊、课程和指导学生如何去实施创作来实现。关于这个问题，最好的解答可以参考《学生的身体》（Charta 出版社出版）一书，这是我献给我的学生和他们的作品的，里面包含了对他们的课程作品以及他们的行为的详尽解释。

肖恩·凯利谈与玛丽娜的合作

1991年，通过画廊的一位签约艺术家的介绍，我认识了玛丽娜·阿布拉莫维奇。我知道玛丽娜·阿布拉莫维奇是个具有超凡魅力的人，我敢肯定，如果见到她，我们一定可以开始与她共事——而情况正是这样。我很清楚玛丽娜·阿布拉莫维奇是国际行为艺术家中的翘楚，我对开拓行为艺术的市场充满信心——从一开始，我们就有一个长期的承诺。和玛丽娜·阿布拉莫维奇一起做的第一件事就是花大量时间讨论她的作品的基本状况，我们还特别讨论了创作什么样的作品放到市场上去才能最好地呈现和体现作品的灵魂。我们稳健谨慎地给作品定价，经过一段时间后逐渐建立起了她的市场。要挑选出一件玛丽娜·阿布拉莫维奇"最好的作品"，几乎是不可能的。但还是有那么两件作品画廊密切参与进去了，从概念、源起、创作到呈现——它们在我心中占据了一个重要的位置。这两件作品是：《巴尔干，巴洛克》，玛丽娜·阿布拉莫维奇凭借这件作品赢得1997年威尼斯双年展的金狮奖；2002年的《海景房》，玛丽娜·阿布拉莫维奇在我们画廊里用十二天时间呈现了这件行为作品。

何云昌、乔纳斯·斯坦普：我的"行为"我做主

2010年10月10日，行为艺术家何云昌在北京市朝阳区崔各庄乡草场地村毛然工作室进行了一场名为《一米民主》（又名《与虎谋皮》）的行为实施。艺术家选择在自己的身体右侧，从锁骨下方一直到过膝盖部位划出一条长1米、深0.5厘米～1厘米的伤口，全过程在不打麻药的情况下由一位医师帮助完成。在手术切割实施之前，有个模拟民主投票的程序来裁决艺术家的行为实施与否。有二十多人在不明就里的情况下参与了不记名投票，结果是十二票赞成，十票反对，三票弃权。作品完成后在圈内引起强烈的反响。有人在网上列出数条意见，全盘否定作品的有效性。虽说艺术家对此不以为然，但从另一方面让我们看到行为艺术被打压、丑化、禁止、歪曲、漠视、低估的严酷现实。适逢2010首届"广州·现场"行为艺术展开幕之际，笔者采访了何云昌和乔纳斯·斯坦普，前者是中国目前最有影响的行为艺术家之一，后者是活跃在国际行为艺术领域的著名策展人。两人分别从各自对行为艺术的理解和文化背景出发，探讨了行为艺术在中西两种不同语境中的现状，以及未来发展的诸多可能性。

何云昌：行为艺术——中国当代艺术中的盲点

胡　震：俗话说"外行看热闹，内行看门道"，就对行为艺术的理解而言，大多数中国人只对"行为"感兴趣，对"行为"何以成为"艺术"则知之甚少，有些人甚至不分青红皂白，只是一味地否定或指责行为艺术。能谈谈您对行为艺术的理解和看法吗？

何云昌：行为作品是在特定的时段、特定的处境中，艺术家身体和心理状况真实、自然的呈现。优秀的行为作品通常融新观念、新手法、客观性和不确定性于一体。这里指体验式行为作品，那些表演性的行为从来不在我谈论的范畴。

胡　震：自1994年至今，您一直坚持做行为艺术；作为中国当代行为艺术的重要参与者和见证人，您对当今中国行为艺术的现状有何看法？与早期从事行为艺术创作的艺术家相比，今天的艺术家在行为艺术的观念表达和艺术呈现上有哪些特点值得一提？

何云昌：参与者众，出色者少……表现形式更为多样，对当代社会现实和非物质领域都有精彩的呈现。

胡　震：《石头英国漫游记》是您在英国做的一次行为艺术。通过这次费时费力的行为艺术，您想表达什么？西方观众能理解您的作品吗？他们的回应跟国内相比有什么不同？

何云昌：现代社会，人们乘各种交通工具每天奔波，以更快的节奏追求最大效益。

《石头英国漫游记》讲述的是我拿着一块石头步行,大致绕行英国一圈,历时一百一十二天,行程大约三千五百公里,最后把那块石头放回原地。其概念和事实是低效或是无效的——这与当今整个东西方主流社会价值观形成了对比。行为艺术并不是新锐艺术形式,它源于西方快一百年了,从艺术界到普通人都能理解和接受。

胡　震:能谈谈您的最新作品《一米民主》吗?

何云昌:我把一些好友邀来,请大家无记名投票决定是否在我身上开一条长1米、深0.5厘米~1厘米的创口,结果以十二票支持、十票反对、三票弃权通过。于是在我身上开了那道伤口……似乎在这件事情上我们实现了民主。

胡　震:网上对您的新作褒贬不一,有人列举数条意见,全盘否定作品的有效性。对此您有何回应?

何云昌:网络近似现代艺术宗旨,什么鸟、兽、妖、小人、神仙、美女,都有,网中多宵小,现实也龌龊。我一向前期很用心,作品实施后就交由时间来检验吧。我以体验式行为浸淫了十五年,希望有生之年能不断有人超越我。

胡　震:在行为艺术中,艺术家的身体是形式创造和观念表达的重要媒介,好的行为艺术家往往能把身体的运用和观念的表达很好地融在一起,让人触动,令人反思。当然,也有不少艺术家滥用身体这一媒介,以至于在人们的心目中,行为艺术除了裸露、血腥和暴力,别无其他。可否结合您的作品谈谈您对这一问题的看法?

何云昌:社会现实本身有残酷阴暗面,以体验式行为实施作品残忍一些,具有类似真实历史的客观性,与裸露、血腥、暴力相对应的是客观、勇气、力量和智慧。当然,所有因素都要深思熟虑,合理运用。与公共机构合作通常要协商,比如纽约第二届行为艺术双年展现场、尤伦斯当代艺术中心现场、去年的福冈双年展现场等,都有类似的问题,公众平时习性温和宁静,世人生活在大致同一规格的尺度里。

胡　震:许多曾经热衷于这一艺术形式表达的艺术家或因市场的原因选择"钱"景不错的媒介表达,或因观念的转变而放弃对行为及其过程的迷恋。与这些艺术家不同的是,您的坚持以及您的一系列作品创作让人看到了行为艺术的巨大潜力和诸多可能性。对于行为艺术的未来,您有怎样的期待?

何云昌:现代艺术新的表现形式很丰富,一些个中好手做出合理取舍不难理解。君子不器,近年我一直不鼓励身边的年轻人投身于行为艺术,不论什么形式的杰出艺术品,都有恒久生命力。行为艺术被打压、丑化、禁止、歪曲、漠视、低估,至今仍然是艺术领域的一个盲点,至少是中国现代艺术的一个盲点。值得庆幸的是,行为这一纯净的艺术形态至今还没有被商业恶炒所侵蚀。如您所说,行为艺术还有很多可能性和巨大潜力,相信必有后来资质上乘者不断在这一领域做出更为精彩绝伦的演绎。

乔纳斯·斯坦普：让行为艺术获得应有的位置

胡　震：一说到行为艺术，您更愿意选择此"行为"（action）而非彼"行为"（performance），这两者之间有什么区别？

乔纳斯·斯坦普：我认为人们用什么词并不重要，重要的是内容，内容意指什么，我们能从中看到什么。"行为艺术"在英语（performance）中也有表演艺术（performing arts）的意思，像戏剧、舞蹈和音乐，但这些艺术媒介与行为是相反的，所以我个人更喜欢说做行为，首先它就是我们正在经历的一种人类行为。理论上，它也开启了新的艺术手段及其执行者的定义，即人人都能做行为。事实证明，的确如此。慢慢地它成了一个术语，让生活超越行为本身。

胡　震：作为多个国际行为艺术节的策展人，您怎么看行为艺术在欧洲和美国的发展？

乔纳斯·斯坦普：行为艺术在欧洲取得巨大发展，涌现了很多艺术节，很多年轻的艺术家都开始选择这种创作方式，趋势仍在继续。艺术节的组织者是想为自己所热爱的艺术媒介创立一个平台。看到越来越多的艺术生开始对用行为艺术的方式进行创作感兴趣，我觉得意义非凡，这很重要，因为年轻一代代表着未来。在美国，行为艺术人群也明显增多，但更多体现在艺术机构的增多。近两年来，纽约的几个王牌展馆像纽约现代艺术博物馆、PS1当代艺术中心和古根海姆博物馆，都开始大量收藏行为艺术，专为这一艺术手段举办表演、设立大型工作坊、开研讨会。此前，他们对行为艺术完全不感兴趣。在美国，与艺术节相关的因素并不多，因为艺术基金的设立与欧洲完全不同。行为艺术基本上是一种非商业的艺术形式，而美国任何东西多多少少都有些商业化，这就限制了行为艺术的空间。但我确信后继有人，对欧美地区的未来持乐观态度。总之，很明显发展是必然的，我更乐意把这称为世界艺术全景上一个"范式转换"（库恩的理论，也有译作"典范转移"）的开端。

胡　震：说到艺术家，您在全世界选择艺术家的标准是什么？能不能举几个例子谈谈您熟悉的前沿艺术家的作品，让我们了解一下行为艺术目前的状态？

乔纳斯·斯坦普：与大学艺术史教给大家的那套正规传统相比，我选艺术家的标准完全相反。大多数策展人会依从学到的传统方法，不会质疑。在当代艺术手段的范围内，我很多年前就觉得传统的选择标准已经过时了。在我看来，当下的时代人要回归根本，回归人性，回归生活和存在的本质，于是所谓的"标准"也就应运而生。这种标准来源于你从他人性格中观察到的特质，我个人珍视的是勇气、真实、原创和诚实。只有在观看一个行为艺术家呈现作品时，才能感受到这一标准，对采用其他表达方式的艺术家也是这样。当然，我也有别的标准，我喜欢的艺术家中有极具实验精神的，有知识分子型的（因为我喜欢理论），有情绪丰富的，但是一定要蕴含诗性。我邀请而且只会邀请有这些特点的艺术家。当然，像很多人一样，我也会犯错，有几次例外。另外，在别的艺术节看过一些作品后我也会决定不选哪些艺术家，这就是我的排除标准：那些用词的感觉是戏剧化的、夸张的，或者是并未从人文角度出发的。

行为艺术很有意思的一点就是"接受失败"，即创作过程中遭遇失败是正常的。回顾伦勃朗的画展，你会发现其中有贫乏的作品。只要他们勇于冒险，即使失败了，我也会认可。

胡　震：您对中国的行为艺术了解吗？

乔纳斯·斯坦普：也许还不如您了解的多，但我一直在学习。我读过 Thomas Berghuis 关于中国行为艺术的专著。那本书按照时间顺序讲述了行为艺术在中国的发展，尽管我从他的著作中看不到任何艺术史研究方法的呈现和运用。我看过中国艺术家在欧洲和英国的行为作品，也曾在 2007 年法国的 Long'Action 艺术节邀请了几位中国艺术家，比如李伟、刘璐珊等。现在我从广州和北京的年轻人里发现了更多艺术家，在这里看到了延续。我来过中国几次，结识了不少艺术家。不得不承认，中国有很多有天赋的年轻艺术家，他们也用别的艺术手段进行着创作。我始终追求一种简洁，一种概念，身体和心灵以某种诗性的行为相连。当然，我也见过一些不太有趣的艺术家，他们只是为了吸引注意力，提高公众知名度，其实全世界都这样。

胡　震：如果可以的话，能不能讲讲行为艺术家何云昌？近几年国内外对他的系列作品的关注度与日俱增。

乔纳斯·斯坦普：好的。我邀请了他，但是很可惜他因为事先有其他安排，今年不能参加"广州·现场"了。我相信他是一位伟大的行为艺术家，具备所有我之前提到的特质。我不太清楚他的画和其他作品，我在法国策划的那次 Long'Action 艺术节上也展示过他的作品《石头英国漫游记》。所以我时不时会关注他的动态，很荣幸可以和他同时出现在《画廊》杂志上。别忘了，那些创造了内容的艺术家是最重要的，很多策展人都喜欢这种风格。我承认我只看过他作品的相关视频、文字解读和照片，还没有现场看过，很快我就要去看看。但是，仅从这些有限的信息来看，可以说他具备了勇气、真实、原创性和诚实，而且他所传达的概念也很有力量。事实上，他是在用自己的行为艺术作品书写艺术史。他的表达，在静默中爆发着实验精神和充沛的情绪。

胡　震：您怎么看他最近的作品《一米民主》？是什么引起了关于艺术家自我表达手法的争论？

乔纳斯·斯坦普：我听您说了才知道他有这样一件作品，因为"广州·现场"和纽约现场的工作太繁忙。从网上的信息来看，他的这件作品好像反响很强烈。看过的观众肯定体验到非常强烈的情绪。我个人不喜欢那些毁坏自己身体的艺术家，都没什么意思。但是《一米民主》中这种方式和作品的联系很直接，我看到了行为过程中的许多概念点。几个有意思的层次值得深究：开始的假民主投票过程，开裂的伤口本身，以及最后由医生缝合伤口。这些都与民主相关，从欧洲视角来看，我会发出疑问：非得要把自己划伤了才能清醒吗？才能唤回西方诸国遗失多年的民主吗？那是个有冲击力的行为作品,"自残"也有了意义。但是,艺术家应该认识到,这样的行为作品里艺术家严重"自残"的方式,会让许多普通人产生误解。

胡 震:行为艺术在中国的市场正在萎缩,有些人觉得它过时了,算不上先锋艺术,有些人不喜欢行为艺术家,觉得他们除了裸体再也拿不出什么料。以您对行为艺术的持续关注和了解,您怎么看行为艺术在中国和世界艺术领域的未来?

乔纳斯·斯坦普:全世界的艺术机构两年前才开始对行为艺术感兴趣(我见过一些重要的博物馆的馆长,他们对过去三十年的行为艺术知之甚少)。现在从纽约到欧洲,一些场馆开始关注行为艺术,举办大型展览,包括行为作品,一切都在飞速变化,对我来说既属意料之外,想来又在情理之中。我相信每个人都要来赶潮流了,像之前提到的我们站在"范式转换"的开端。现在真正过时的是那些主导艺术界几十年的艺术媒介。当然,出于商业原因,人们会一直将绘画、装置、摄影、影像延续下去。但是,从创新角度而言,那些方式并没有什么新东西,没什么冒险精神,称不上先锋艺术。每个人都明白,也都有这种感觉。不久前,我在纽约读了一篇非常有意思的文章,作者是在《美国艺术》执笔三十年的前任编辑,他和我一样,将这个"范式转换"放在艺术2.0时代的概念下,1945年的"范式转换"则是1.0时代。现在您应该明白行为艺术在当今世界有多么重要。那些在中国说行为艺术过时的人对欧美当下的情况并没有准确的认识。而且从历史上看,我觉得这只是开始。

至于裸体,我不感兴趣。我也邀请过一些喜欢脱衣服的艺术家,但最后得到的通常都是很一般的作品。所以如果有艺术家想这样做,一定得是像《一米民主》那样,裸体对作品本身很重要。中国人习惯了竞争,这就使得很多艺术家想要激起观众强烈的反应以获得注意力。不过,这些艺术家往往乏善可陈。

像我说过的,行为艺术,包括一些短命的艺术媒介,如今正在成为一种新的艺术范式。当然,艺术家可以跟随由西方主流艺术收藏家和博物馆决定的当代趋势,继续推广他们认定的有影响力的中国艺术,那些色彩绚丽的纪念画和装置作品。但是我不觉得这是我看到的最好的中国艺术,恰恰相反,那些只是西方概念的一种"好"。我相信中国的一些艺术家,特别是在行为艺术方面,他们的作品体现出了更加微妙的才能和强有力的概念。从某种程度上说,中国可以选择回到自己的先锋时代,在当下的"范式转换"时期发出自己的声音。如果中国的艺术家想在未来的当代艺术中拥有一席之地,应当给行为艺术一个位置。如果我们在当代艺术语境里思考中国行为艺术,它的势头尤其强劲,就像轰轰烈烈的"85新潮"。我希望"广州·现场"对此有帮助,我也把它看作"广州·现场"的长期使命——让行为艺术获得应有的位置。

蔡国强：艺术可以"乱搞"

2001年在上海完成所谓"空前绝后"的大规模爆破作品"APEC大型景观焰火表演"之后，蔡国强顺理成章地成为2008年北京奥运会开幕式和闭幕式的核心创意成员之一，以及视觉和特效总设计的不二人选。作为一名艺术家，蔡国强能够以他独有的理念和方式，让世界更加了解和认同并感受当代中国艺术所具有的创新意识和创造活力。尽管为奥运准备的视觉和特效设计无论在意念或技术上都有很大程度上的升华，但大家在期待它精彩的同时却并不认同其作为当代艺术作品的存在。也许蔡国强早就料到圈中可能会有如此反应，在忙于奥运会开幕式的同时还在筹备年初在美国以及8月在北京，之后将移师西班牙的"蔡国强——我想要相信"个人作品回顾大展。目前该展览已按计划在古根海姆博物馆展出，纽约多家媒体都对展览予以了极高的评价：策展人汤姆斯·克伦斯（Thomas Krens）说，"此展是我们经历过最有气魄，也最大胆的装置计划之一"；《纽约太阳报》更是不吝赞美，认为蔡国强"攀登到古根海姆的新高点"。

胡　震： 8月份在北京的展览会对年初在美国古根海姆博物馆展出的作品和形式做了哪些调整和变化？

蔡国强： 在中国美术馆这边我还会多做两件作品：一件是为奥运会的艺术计划而创作的；另一件是关于我的生平事迹，这个事迹是有艺术元素在里面的。人们一般都用文字或照片记录历史，而我会尽量选择用实物来记录。比方说，父亲很喜欢画画写字，我小时候深受他的影响。他经常用钢笔在火柴盒上画山水画，我就坐在他的大腿上看。小小的方阵之间，蕴含了一个无限的世界。我也攒了一些火柴盒，上面有他画的画。用实物说话，这是很特别的一样东西。

胡　震： 这么久都一直保留着吗？

蔡国强： 后来我想到做这件作品，就回去收集了一些。这项工作并不难，因为真的太多了。

胡　震： 那么，以奥运为主题的作品具体是怎么样的呢？

蔡国强： 这件作品呈现了我对奥运的解读。不过具体内容还不便透露，因为和官方签订了保密协议。

胡　震： 蔡老师每天真忙啊！从早上九点一直忙到半夜两三点都不休息。

蔡国强： 这就是"艺术为人民"嘛。

胡　震： 有人说这次蔡国强被"招安"了。

蔡国强： 也可以这样说。

胡　震：您不否认？

蔡国强：现实就是这样。要看到我们的社会有很多问题，但有些问题不是光我们有，而是全球都有。就像我们现代艺术家的作品，许多在中国不能做的，在西方更加不能做，因为会涉及很多问题。

胡　震：在国外待久了，会不会对国内的一些东西不太习惯？

蔡国强：是挺难受的。不过因为是我自己要来的。开始是上千家的团队参加竞标，像国内一些知名导演都有自己的专业团队。我在纽约也有一个，叫"艺术家创意团队"。这个团队不是来竞标总导演的，而是做艺术创意的，比如视觉、音乐、灯光等。

胡　震：国内对你们团队最看重的是什么因素？

蔡国强：我们的定位比较好，主题是想提高奥运会的现代性、国际性和艺术性三方面。

胡　震：竞标之前您有什么想法？

蔡国强：一方面，作为中国人，我应该成为这件事的参与者；另一方面，作为艺术家，我不想只以旁观者的身份去指指点点。奥运的开、闭幕式是件很难做的事情，一方面要有艺术创意，另一方面又要考虑到它场面的巨大。这个巨大的场面大多会进行人山人海的表演，但这种表演不能没有，否则场面热闹不起来。另外，既要符合中国人的欣赏习惯，又要符合那一晚上全球外国观众的口味；既要考虑场内效果，也要清楚其实大部分观众都是在电视机前看直播的。场内是十万人还不到，电视观众却有四十几亿。要考虑到中华文明的精粹是什么，你想向观众传达什么，21世纪国家发展的整体设想是什么。这些东西都会成为艺术家们的挑战。比如我要离开自己的专业，到另一个平台上来思考创作，我的确从中获益良多。每年我在国际艺术界里面做的事情太多了，希望有时间可以让我跟艺术界有一段距离。如果不是要做奥运的项目，我本来是打算到老挝去做三个月和尚的。

胡　震：但这个过程其实挺有挑战性的。

蔡国强：其实，艺术家做到一定程度后，难度不仅仅是在创作力方面，也有很多细节的东西要注意。例如，怎么跟艺术界和媒体打交道，怎么去展示自己的作品。在此过程中，艺术家慢慢地变得熟练和专业。但我觉得这是一个危机，容易造成疲劳。比如徐冰想要离开美国回国内当老师，在我看来可能就是一种疲劳，一种对永无止境地办展览做艺术的疲劳。

胡　震：艺术家需要有新的东西去刺激他。

蔡国强：对，不能把一个事情拖得太久。在圈子里做久了，大家都是好朋友，注意力总是放在圈子里的事情上。我走到今天，有很多一起搞艺术的好朋友，从20世纪80年代到现在，走了一批又一批，慢慢地从第一线下去了。有些人消失得很快，有些人则一直撑着，没有倒下。当然，到了某个时候大家年纪大了总要退出的。随着艺术家的生理变化，他挑战的主题、对材料的控制力、对尺寸的控制力，还有对某件作品开始和结束的状态控制，创作态度都会慢慢地不一样了。每个艺术家都在走这样的道路，随着生理条件的衰退，会更有意识地去开拓自己的创作力，这样往往更有魅力。这也是一个带回忆性的阶段。

胡　震：这次在古根海姆博物馆做的是一个回顾展。对您个人而言，有什么特别想法或用意吗？

蔡国强：以前做展览都是给美术馆做一个计划，这次我想对一个个展览背后的规律和学术关系做整理和讨论。我坚持这次在回顾展里用旧作品，完全没有做新作品。因为如果做新作品，美术馆的经费和技术等问题都会全部聚焦在新作品上，往往忘了背后的学术问题的讨论。这次展览的目的，就是用旧作品呈现我的艺术风格的轨迹和追求。

艺术是什么？每个个体的理解不同，答案自然千差万别，各有因由。20世纪80年代中期，当西方艺术潮水般涌入中国，许多年轻艺术家面对五花八门的艺术流派不知所措，只知一味被动地接受和模仿之时，蔡国强的一句"艺术可以'乱搞'"的顿悟，不仅使他坚定了自己探索新材料、新技法的信念，也使他几乎毫无顾忌地行走在传统与现代、东方与西方两种不同文化和艺术之间，自由地采撷自身所需要的所有养料。"乱搞"在蔡国强的艺术词典中，实际上是一种红尘看破后的超脱，是摆脱各种传统和文化羁绊的轻松和潇洒，是万马奔腾、所向披靡的无畏和豪迈，是放眼世界有容乃大的一种襟怀。正是凭借这种艺术上敢于"乱搞"的勇气，蔡国强的艺术创造总能跳出既有的观念，以至于在装置、行为、爆炸计划和社会计划等当代艺术的多个领域带给人巨大的震撼和期待；也正是这种对艺术的透彻领悟，蔡国强从一个被艺术边缘化的南方小青年逐渐成长为今天能够横扫国际艺术圈的大艺术家。对有志于让中国当代艺术真正走向世界的后辈而言，蔡国强的艺术创作无法复制，但对推动蔡国强走向成功的"乱搞"精神却不得不仔细揣摩，认真地消化吸收。

胡　震：讲到艺术历程，我想起"85新潮"的时候，很多艺术家都被西方的现当代风格所吸引，做各种各样的探索，还到边远的地区去旅行，做考察等。您也是经历过这一段时期的。当时的实际情况究竟是怎么样的呢？您的个人想法是怎样的呢？

蔡国强：其实这些东西以前都讲了很多了，不如我说一说现在吧。其实我很少跟美术界的一群人一起搞创作，我是比较自私自利、个人主义色彩较强的那种人，缺乏群体意识。当然了，如果对象是某地赈灾等事件，我还是有作为一个中国人的责任和义务的。昨天我们就把四川阿坝州的相关机构负责人请了过来，想把我们之前的拍卖所得捐赠给受灾的少数民族群众，尽力抢救他们将要消失的非物质文化。文化的传承对于一个民族来说真的很重要，文化是人身上的文化，不是人造物件的流传，比如建筑、刀和箭等。文化存在于传承人身上，一旦人没了，文化就消失了。所以要抓紧时间把这些传承人拯救出来，为他们提供帮助，使他们尽快恢复正常的生活，把这些文化一代又一代地流传下去。对于这种事情我很积极，也很乐意去做。但平常有很多美术界的群体活动，我不是说这个不好，但因为我是一个比较自私的人，所以很少参与其中。当时"中国前卫艺术展"也邀请我参展，但我没去，这就是当时的状况。其实我一直都是这样的，现在在纽约也不例外。我住在纽约，只有朋友办展览的时候我才去看，不然我是不会去美术馆、画廊的。我宁愿跟小孩在沙发上玩，或者去中央公园走走。中央公园旁边就有古根海姆博物馆、MoMA和大都会博物馆，不过我很少去看。其实这对于艺术家来说不大好。

胡　震：我们也可以从另外一个角度来看，您在艺术界跟其他人刻意保持距离，从而也保持了您自己的独立性。

蔡国强：其实我不是故意的，这是一个自然而然的过程。我只是放纵自己，因为我的做事方式就是如此。但如果是朋友的展览开幕，我是会去看看。我很少看展览的，所以偶尔看一个会觉得很棒。上次我去中国美术馆看场地，那次有中央美术学院的学生做毕业展。我看着看着就忘了看展厅，光看油画了。我很认真地看，会觉得这张不错，那张也画得挺好的，别人就会告诉我，你真的太少看作品了。一般如果没有受到邀请办展，我是不大会去看美术馆和博物馆的展览的。比如巴黎的某个美术馆要请我去做展览，我就会先飞过去看看场地。我觉得逛美术馆真的很新鲜，你不要带我去办公室，就让我从正门买票处进来，跟观众一样走一圈，这样印象更深刻，我就更加清楚我要做什么了。我不会研究他们这个地方是做什么的，以前做过什么，而是凭我的直观感觉去感受。

胡　震：我从资料上看到您这次在古根海姆博物馆做展览，连毕加索等其他大师的作品都要先撤下来。

蔡国强：这不是因为我了不起，而是因为我的作品尺寸大，所以别人不得不把位置让出来。

胡　震：这次在中国美术馆展览，是不是整个美术馆都是摆放您的作品呢？

蔡国强：不是啊，奥运期间展厅是很宝贵的。不过这次的确是中国美术馆迄今所做的最大型的个人展览。所以主题不要太多，把一件事情说得完整一点是最重要的。其实我在古根海姆博物馆的展览，也是跟美国的美术界距离很大，纽约的美术界特讲究抽象主义和极少主义——姿态要高，展厅要大，东西要少。光和色，甚至展厅墙壁用的涂料，他们都会有特别要求。可能那是一种高雅文化的竞争吧。但我做的东西就很不一样。狼、虎、箭、船等都是具象，给人一种不是很舒服的感觉。

胡　震：他们的动物协会没找您吧？

蔡国强：还好没有，哈哈。整个展览就是一个大装置，乱哄哄的，不大有文化涵养。我其实是明知故犯，故意做得跟他们不大一样，也只能这样。我这样可以让他们多元一些，要不纽约太单调了，总是做那种干干净净的东西，我的东西就比较"土"，跟别人的作品不太和谐。我没有一次是把作品做得特别完美或特别高雅的，要是能够再少一点，纽约艺术界肯定不会为我感到遗憾了。我的作品是雅俗共赏的类型，跟他们很不一样。有一种调皮捣蛋的心理。我没想到展览这么多人来看，一般的展览人们会花四十五分钟看，但我的展览人们往往会花上一个半小时，而且20岁左右的年轻观众很多。纽约的抽象主义和极少主义吸引的大多是白领阶层，他们比较喜欢现代艺术的抽象感。因为他们的生活环境什么都是具体的，人也具体，树也具体，车也具体，于是就想在美术馆里寻求一种抽象的美感。所以我就想做一点不一样的，没想到很受欢迎。有次我晚上11点多去，下着小雪，美术馆外面还排着一两公里的长龙。陈丹青和刘小东也去看了。他们说在美国住了很多年，都没有看过一个展览有那么多观众捧场的，人山人海。王明贤也是排了一个多小时的队伍都还是进不来，后来就说算了，就算进来了都没办法看展览。这种情况真的有点夸张，不过也证明了我的创作是雅俗共赏的。

胡　震：其实在去美国之前，您在西方亮相的展览并不多，1990年费大为策划的"中国明天"的展览是您第一次在西方做作品。可是1995年您去了美国以后，受到这么多美术馆的邀请，这么受美国民众的喜欢，似乎有点不可思议。您分析过这其中的原因吗？

蔡国强：就是好玩嘛，因为他们从来没见过这种东西。像《文化大混浴》等作品很多媒体都报道过，在2000年惠特尼双年展上，我做了《你的风水有问题吗？》（*How is your Fengshui?*），展厅仿照某地石窟形貌而建。我在窟中放入九十九个石狮子，另有三台电脑，里面存有二十个与属相、位置等相关的风水例子。在三个月的展览期间，收藏者如果想购买石狮子，就必须检查自己的风水有无问题。展厅还设有民众求石狮子的填表箱，定期把这些民众约来开会，讨论风水问题。他们把家里风水的问题写在纸上，我每个星期都要为他们解答。在展览过程中，石狮子会从展厅进入各家各户，而展厅内空缺的位置上会标注石狮子现在的去向。这件作品是对我们命运和环境的思考。在原始社会，人类就是通过巫术来预测未来、避灾祈福的，而原始艺术如原始舞蹈、绘画就起源于此，那时的巫师即是艺术家。这件作品又是对传统收藏体系的挑战。过去，参展艺术家往往由画廊全权代理。我没有与画廊合作，而是通过民众机制来决定艺术品的去向，把美术馆和双年展当作画廊卖东西。

胡　震：您曾经说过艺术可以"乱搞"，时至今日，您对这句话有什么新的感悟和解释？

蔡国强：所谓的"乱"不是无章无法，而是多元化。做艺术要敢于想象，不要有太多的条条框框、教条式的东西。一开始可以"过"一点，这没有关系，画画是没有对错之分的，画不好就重画一笔，可以"矫枉过正"。我自己不喜欢受限制，他们希望我这样做，我就偏偏不那样做。就像策划2005年威尼斯双年展的时候，我也没有要求艺术家一定要怎么样或者不该怎么样，而是尽量让艺术家自由发挥。

胡　震：我想，您自身的经历是最有说服力的。除了"乱搞"之外，您还有什么秘方可以传授给年轻艺术家的？

蔡国强：这话听起来好像又开始看风水了。我认为年轻人一开始应该猛一点，尖锐一点，看准了就大胆地去做，因为精力旺盛、想象力丰富和敢于冒险是年轻人的特征，精神和锐气要尽可能发挥，不要让它枯萎。材料的熟练应用和技巧是其次的。

许多艺术家一生都在做着各种各样的选择：什么时候、做什么作品，以及用什么方式去做等。这样的问题虽不似莎士比亚笔下的哈姆雷特所面临的那样生死攸关，但选择的合适或正确与否，实际上直接影响和决定着一个艺术家的成功与否，以及艺术家智慧的高下。在当代艺术全球化、艺术正以更加多元的面貌呈现的今天，蔡国强的成功无疑具有启示意义。仔细研读蔡国强的生平介绍，我们不难发现，在他的艺术创作历程中，有几次大的选择颇为耐人寻味：20 世纪 80 年代，当中国艺术界还在狂热地膜拜西方，许多艺术青年被西方各种艺术流派弄得神魂颠倒的时候，蔡国强去了日本留学，并在出国前利用假期时间游历了国内的文化圣地，自费前往新疆、西藏和敦煌。与当时很多前卫艺术家抱着颠覆传统、冲破体制的想法不同，蔡国强希望尽量多体验一些中国的灿烂文化和大自然的气魄，为日后的创作夯实基础，做好准备。这是蔡国强日后走向成功的一次重要转折，因为他深知自己作为艺术家的边缘状态。更重要的是，在当时的大环境下，他要想不受制约地在火药等材料上做些尝试几乎是不可能的。所以他带着一百多公斤火药作品去了日本，并在那里为自己"炸"出了一片天空。1991 年，在"原初火球——为计划作的计划"展览中，他把自己各种关于外星人的计划都做成了屏风，并通过火药把创意和理念展示出来，进一步奠定自己在日本美术界的地位。1994 年，日本最大的报纸《读卖新闻》甚至以"西方衰落，蔡国强活跃的一年"为年终回顾文章的标题，充分肯定其艺术成就。令人意想不到的是，1995 年，在日本政府同意蔡国强作为日本艺术家代表，前往美国纽约 PS1 当代艺术中心国际工作室创作、活动一年后，蔡国强又获得了华盛顿政府的特批，定居美国。更为有趣的是，1996 年，蔡国强在亚洲文化协会的帮助下到美国内华达州核试验基地考察，经过美国国防部、能源部以及联邦调查局等重重审查后，蔡国强最终成为第一个进入美国核军事重地的中国内地人，之后他创作的"蘑菇云"系列作品，不仅在美国引起了强烈反响，而且被认为是继原子弹的发明之后最有力量也最具象征意义的 20 世纪视觉符号。一般人很难想象，蔡国强到底有何魔力，竟能如此随心所欲地选择自己的人生？又有何等智慧，可以让日本政府为他打破惯例，让美国军事重地向他敞开大门？是像米开朗琪罗那样，凭借自己的神奇艺术让教皇不得不低声下气，苦苦哀求？抑或融入骨血的东方智慧使其在面临困境时总能逢凶化吉、别有妙方？在下面的一段对话中，蔡国强的故事多少让我们解开了迷惑，找到了我们各自想要的答案。

胡　震：在您的人生中，有几个转折点，第一个是从上海到日本，之后又去了美国。其实当时日本政府已经给予您很高的荣誉，甚至让您代表日本艺术家参加国际大展，这已经是相当难得的。可是 1996 年，您还是毅然抛下这一切去了美国，不知您当时是出于哪种考虑？

蔡国强：艺术家需要不断有新的状况来刺激。当你在一个环境待久了以后，发现新鲜感已经不存在了，那就是一个信号，必须寻找新的动力，现在很多艺术家出现回潮的现象也是有这个原因。

胡　震：您刚到美国时情况怎样？因为村上隆刚到美国时很郁闷、彷徨。您是否也有过这样的一个过渡时期？

蔡国强：与之相反，我到美国以后很受欢迎。当时村上隆刚回日本，我就住在他的工作室。到美国后，古根海姆博物馆就邀请我做展览，还到美国内华达州核试验基地考察，这可不是谁都能进去的地方。

胡　震：您的不少"爆炸计划"都和政治或军事场地发生联系，比如，《我是外星人——为外星人作的计划第 4 号》（日本福冈市政府大厦）、《胎动 1——为外星人作的计划第 9 号》（德国汉缪店军事基地）、《地球也有黑洞——为外星人作的计划第 16 号》（日本广岛当代美术馆及日本陆军司令部基地旧址）、《有蘑菇云的世纪——为 20 世纪作的计划》（美国犹他州内华达地下核试验场）等。这是您关注现实社会中的政治的体现，有学者也专门对此进行过分析和探讨。不过我感兴趣的是，您是怎样说服相关人员，最终被允许进入那些敏感的政治和军事场地完成您的"爆炸计划"的？

蔡国强：我给你们讲个故事吧。20 世纪 90 年代我参加巴西"辅导未成年犯罪少年"的活动，那些小孩都有过偷、抢的不良记录，很多人都觉得很可怕。我当时带上我的太太和女儿，因为我想让他们知道我也是个正常的、有小孩的人，让他们从心理上接受我。我是从行动上去感化他们，而不是教条式的说教。我把他们最怕的警察找来，一起讨论国家应该怎样运作，怎样增加他们接受教育的机会，让他们找到工作，改变生活现状。说着说着就讲到"制度"，关于任何国家的讨论归根结底都是回到"制度"这一点上，说着说着就双方都很伤心。而我带孩子们去军队参观，接受军事训练，让他们首先在纪律上得到锻炼。之后，我又带他们去军事博物馆看枪看炮，还让他们自己设计做大炮。这时他们就跟我讲道理了："大炮是杀人的，不能做！"因为平时他们拿刀打架就会被警察抓起来，哪里还敢做大炮呢？如果是做雕塑，搞艺术，他们不一定懂得；然而，说到做大炮，他们肯定是天才。其实大炮也不容易做，我们在军事博物馆虽然看了许多真正的大炮，但孩子们平时也没有接触过这一方面的训练，于是就先画设计图，之后写材料单，要买什么材料，用自来水管还是塑料管，轮子是汽车轮还是单车轮，都要记录清楚。说起画设计图，这些孩子都是很有创意的天才儿童。但你不能给他钱，他钱一拿就跑了。于是我就带着他们到店里，一件一件地把东西配齐，他们那些稀奇古怪的要求，我都尽量满足。最终成果令我十分欣慰，孩子们做出了各种各样漂亮的大炮。大炮做出来后，我组织了一次表演，吸引了很多当地媒体来关注，孩子们上电视，接受访谈，俨然一副哲学家的模样。他们说：大炮是可以杀人的，也可以做礼炮，也是可以被称为艺术的；就像人的能量，可以是暴力的，也可以是为社会建设的能量。让这些有暴力倾向的孩子做大炮，一开始遭到了很多人的反对，认为我这样注定会出事情。但说到底，我是用了"以毒攻毒"的药方，而且很成功，孩子们能上电视接受采访，作品后来还被美术馆收藏了，我觉得很骄傲。一年以后，他们作为一批优秀的孩子到纽约来表演。他们多才多艺，舞狮、翻跟斗、跳街舞等都难不倒他们。后来我送他们每人一块手表，还请他们吃了饭。后来也有另外一些人去那里做同样的教育计划，回来告诉我，你教过的孩子们身上都带着你的照片。我的教育方法是——不要去强迫太多。因为我也不喜欢别人强迫我，比如别人请我去做展览，我最怕策展人指定我去做什么，他要我做的我常常不做。对于这些孩子，我也可以教他们画画、雕塑什么的，但我觉得效果一定不好。现在我跟他们一起做了这个制造大炮的互动项目，也许他们就能从中学到一些人生道理，在社会中树立起自信，让他们感到自己是受尊重的，这就是一件好事。

宋 冬：用艺术感动世界

《物尽其用》是艺术家在 2005 年和母亲赵湘源共同创作的一件具有特殊意义的作品，也是宋冬长期表现和反思生活的一次新的尝试。这件包括了一万多件日常用品的庞大装置作品在 2005 年的东京画廊首展以后，相继参加了 2006 年的第六届光州双年展以及 2007 年在柏林世界文化宫和 2008 年在英国 Walsall 当代美术馆举行的"亚洲再想象"展（均由巫鸿参与策划）。2009 年 6 月，《物尽其用》在纽约现代美术馆（MoMA）展出。这件作品的内涵以及艺术家素朴的表达方式，不仅感动了国内的观众，在西方也同样引发了观者的强烈共鸣。此次对话发生在 2009 年 4 月，北京宋冬尹秀珍沙河工作室，并于 2009 年 6 月《物尽其用》在 MoMA 展出时在《画廊》杂志（2009 年 6 月出版）上发表。

"它实际上是为我母亲提供了一个收拾东西和整理她个人及家庭历史的空间，这个空间不是一个简单的物理空间，而是一个情感的空间、记忆的空间、心理的空间和一个交流的空间。"

胡　震：对几乎所有当代艺术家来说，进入 MoMA 做个展，是很值得期待的事情。您怎么看待自己的这次 MoMA 个展？对今年 6 月份的展览又有什么期待？

宋　冬：对我个人来讲，最重要的是能带我母亲一起去。让她拥有新的价值感。当我知道这个消息时，一开始确实很高兴。因为做这件作品的初衷，是想让我母亲从与我父亲永别的悲痛困境中走出来。同时探讨如何让一个个人的、家庭的物质历史与社会进行交流。但特别不幸的是，我母亲在今年春节前五天，1 月 21 日，为了救一只被大树卡住脚的野生鸟不幸遇难。我陷入了极度悲痛的困境，对我来说，已经不再是像最开始那样想"去那儿展览挺好的"。我要到那儿面对那些带着我和母亲体温的"物"，这对我很残酷，也很艰难。但对那件作品来说，MoMA 是一个很好的平台。它吸引着全世界热爱艺术的人，不管是不是看这件作品，他们都会去 MoMA 看它的收藏。这件作品有了更广泛的交流平台。

胡　震：进入 MoMA 之前，《物尽其用》已先后在中国北京、韩国光州、德国柏林和英国的沃尔萨尔展出，我想知道中西观众面对作品有怎样不同的反应？

宋　冬：我是当事者，我觉得很难得到"真正"的反馈。另外，语言的障碍，还有社会背景的不同，会导致不同的理解方向。这件作品在中国还是产生了很多共鸣。我很高兴有很多共鸣来自普通观众。这种生活经历，我想每个家庭都曾经拥有过。当你看到这个物件的时候，你想的可能不仅仅是"物"，它带出来的是一个时代，是生活方式，也可能是观众的个人经历，一些记忆，等等。往往他们在与我母亲进行交流时，会从讨论这件事到了解这件事，到更加深入地去思考这件事。在北京展出时，这种交流是非常多的。这件作品不是简简单单地摆在那儿，它实际上为我母亲提供了一个收拾东西和整理她个人和家庭历史的空间，这个空间不是一个简单的物理空间，而是一个情感的空间、记忆的空间、心理的空间和交流的空间。拓宽空间的概念，使之延伸。这件作品到现在还没有完，还有一些东西没开箱，还需一站一站地继续整理，作品会有更多的空间和更多的时间去延续它的故事。2005年在东京画廊展出时，那儿有三百平方米，我们在那儿收拾整理了一个月，而在这一个月之前，实际上这件作品已经做了三年。我和母亲用三年的时间进行整理，合并同类项，跟母亲进行交流。制作作品的过程中，我给母亲安排了一个可以交谈的角落，母亲很愿意在那儿与来访的观众交谈。她从这件作品中获得了新的人生价值。我家庭内部的交流也变成了更加广泛的交流。北京的展览开幕后，母亲一直围绕这件作品开始了她新的晚年生活直至她不平凡地逝去。她随作品去光州，赴柏林，作品成为她的生活，她一点一点地整理着与她的东西有关的故事。同时，我还鼓励她去写，写这些东西的历史，当时是如何用这些东西的，比如洗衣服，小时候怎么洗衣服，后来又怎么洗，为什么留下这么多干硬的肥皂。她写"衣""食""住""用"。写了很多，关于怎么吃饭；关于房子，从最开始我们住的小小房子，到小房子，再到后来大一些的房子。

胡　震：虽是家庭琐事，却也能反映一个时代的变化。

宋　冬：对，她已经写完了十万字。巫鸿老师正在为这件作品编写一本书，其中收录了我母亲写的三万字，也包括我写的一小部分。今年先出英文版，会在MoMA的展览之前出版。

胡　震：当代艺术，尤其是与行为、观念等相关的，其实特别强调与具体时空的关联和影响，也就是我们常说的作品的上下文关系。在不同情境中，观者对作品的理解也会发生改变。也就是说，作为作品的重要组成部分，您母亲的存在与否会直接影响到观者对作品的解读。对西方观众来说，也许他们有语言上的障碍，但母亲的形象和行为本身依然能引起他们思考。到了MoMA之后，情况有了变化，您会根据变化对作品做些新的调整吗？

宋　冬：这件作品把我们的家庭成员都调动起来了，我姐姐宋慧，一直跟着这件作品，对它进行编目和管理，这是很关键的东西。从这件作品开始制作到现在已经第七个年头了，在与母亲合作的过程中，我们不断地去学习一些东西。母亲遇难十天后的大年初五，我和姐姐去了英国布置这件作品，给母亲的机票都买好了，但是她却不能与我们同行。睹物思人，心情格外悲伤。我把母亲的肖像别在胸前，我们认为母亲一直在我们身边。展览的不是遗物，因为东西还是那些东西，她生前一遍遍地整理过、展出过，现在展出的仍然是那些东西。我熟悉母亲的整理方式，一部分是与我父亲有关系的，一部分是和她有关系的，一部分是跟家庭各个成员有关系的，把这几个区域分好，整个还是按照母亲和我们合作的方式继续往下做。同时，这次在MoMA展出的时候，巫鸿先生出的那本书，里面有我母亲写的一些东西。可以说，我母亲是用另外一种方式参与到这件作品当中。大家通过阅读，也可以更加深入地进入这件作品中，为作品增加了新的理解维度。

胡　震：您之前在展览的时候有没有拍录像？

宋　冬：没有拍过专门的录像，有对我母亲的录像访谈，但我现在还不能面对母亲的录像。

胡　震：如果有您母亲的录像做补充，是否会使MoMA的个展更加完整？

宋　冬：不会。"物"在这里承载着人的关系，带给观众信息，这就够了。观众对一个东西的了解，就像我们去看博物馆，不是博物馆要求我们去看、去了解，而是我们自己想去了解。如果你有兴趣的话你会去了解的，你会通过各种途径，探寻和研究你的疑问，不断地深化，使作品拓展了它的外延。在中国，很多人看见这些肥皂可能就会说：这肥皂我们家也有，我们都扔了你怎么还留着啊？于是就聊起来了。在韩国就不同，他们会想，这肥皂怎么回事，留它干吗呢？然后就问起来。之后还会用他们类似的事相比较。所有曾经经历过苦难的民族，在经济极其拮据的时候，他们都拥有非常接近的生活方式，还是容易沟通的。我有一篇文章，写的是我做这件作品的理由，这篇文章一直伴随着这件作品。大家通过文章可以知道，这不是一个旧货市场，它不是从各地搜来的东西，它是我母亲和她那一代人在物质极其匮乏的时代逐年形成的一种习惯，不扔，以备未来之需，要物尽其用。但是她的"不扔"太极致了！观众很敬重他们的行为。在光州也引起了很多共鸣，因为他们经历过类似的时代。在德国的时候也有很多共鸣。因为在经历"二战"之后，他们的祖父辈都有过这种生活方式和习惯，因为那时候没吃的没喝的，所以每一样东西他们都会留住，想着未来可能比现在更糟，留着留着就形成了一种习惯。所以我觉得它是一个带有全世界共通性的东西。这是一种非常平民化的生活，这些东西并不是传统意义上我们认为的有价值的东西，在今天看来，这些全是没用的东西，是"垃圾"。但正是因为有这样的在物质匮乏时代养成的生活习惯，而导致这些东西没被扔掉。现在终于派上用场了，物尽其用了，成为艺术的一种方式，成为人和人沟通的一个引子。我觉得这里最重要的是人和人之间的一种关系，就是说艺术在我和母亲之间能起到作用。它确确实实改变了我母亲的生活，使我母亲产生了新的人生价值。通过呈现，她的价值改变了，她说她一辈子都没得过大奖，这次在光州得了一个大奖，她觉得不应该是给她的。我告诉她：这个奖一定是给您的，不是给我的，是给您和你们这一代人的。你们用艰苦和辛劳养育了我们这一代人。我在跟母亲交流的过程中，学习到太多可贵的东西，对物质的再认识。她不扔这些东西，并不是因为这些东西能够产生新的价值，能够换点钱什么的。起先我是想卖掉这件作品的，买个大房子，让我母亲过一种不一样的幸福生活。但我母亲不同意，她也知道能卖多少钱，是可以买大房子的。但是她说她不需要这个钱，也不需要住大房子，她现在钱够用，已经很幸福了。她需要的是这些东西，这些东西很重要，是她身体的一部分，是她记忆的一部分。看到这个碟子她会想，当年我们一家人一起吃火锅就用到了这个碟子；看到这个肥皂，她会想当年多辛苦啊！她想到当时太多的历史记忆和情感，所以我决定不卖这件作品，将来为这件作品建一个家庭博物馆。我母亲很高兴。这样一件作品不论在哪个地方呈现，它也会慢慢地渗透进观众的记忆。大家想了解的话会通过各种方式去了解一种生活，以及与这种生活有关的生活态度，就是"物尽其用"的生活态度。当然，今天大家可能不再适应这种生活方式了。看看现在的垃圾就知道今天是何等的浪费资源！就像无纸办公，在无纸办公之后，我们的用纸量远远大于有纸时代。很奇怪，大家对资源不断攫取，对于旧东西的再生又不重视，一味地强调"新"，这也是一种价值观。本来已经存在的旧的价值观不一定适用于今天，但它仍然有可贵之处，就是能给我们提供重新思考的空间。

"其实我们一生寻找的也就是'自己'，我不喜欢被动和迎合。当然，我们生活在一个共同的世界，甚至面临着相似的困境和问题。作品就像药引子一样，恰当时会激发药力。但药引子本身并无药力，而观众则成为自我的'药'，有时是良药，有时是毒药。当药引子产生作用时，大家会记住它。"

胡　震：创作《物尽其用》的初衷是想让您母亲从失去丈夫的痛苦中走出来，这一行为的结果是它作为一件装置艺术作品赢得了不同文化背景的观众的强烈共鸣。我感兴趣的是，当初选择这种题材和内容时，有没有考虑为了达到真正意义上的沟通，必须在作品的视觉表达上有所侧重？

宋　冬：这件作品不是单纯从视觉出发，包括我很多其他的作品，都不是以视觉为出发点的。想法和认识是作品的基础。当然，形式非常重要，最终作品还是通过视觉进行交流，要使用贴切的表达方式创造形式。我不太喜欢随主流，大家都做，而且做得挺好，我何必再去凑热闹。我愿意去挖掘日常化的、能让我从内心愿意去做的事情。事实上，这是一个水到渠成的过程，并非刻意。一个原因是让我母亲从痛苦中解脱出来，还有一个重要的原因，就是我一直在思考和研究我母亲的生活、母亲的生活方式。思考"什么是艺术"的问题，还有艺术本体的问题。实际上，我母亲的生活就是艺术，她就是艺术家，但她不这么认为，她没有建立起这种价值体系。她不是说"以艺术家的生活方式来生活"或"有意识地收集这些东西"，而是生活的压力、社会的环境、物质的贫乏、岁月的流逝等诸多因素，使她非常自然地留下了这巨大的能量来改变我们的生活。在十几年前我就跟母亲说她应该学艺术专业，不应该做工程师。我那时也没有想过她是艺术家，没想过展示她的生活。直到我父亲突然离去，我无法处理很多问题的时候，我才重新去思考这个问题：艺术到底是什么东西。实际上，艺术就在我们身边，就看你如何去认识它。我认为母亲是一位伟大的艺术家，她一生就做了这么一件作品，她的这件作品的分量是很重的。先抛开它对别人的影响，单讲它对我的教育意义是很大的，它让我重新认识了所谓的价值，重新思考价值观问题。价值是什么，什么是物质，物质所带来的是什么，其实这些都不重要，但是又很重要，它让我重新思考人生。我母亲最初不同意做这件作品，她认为展出这些是给我丢脸。她首先想到的不是她的问题，而是她展出的东西会给我带来什么影响。在这样的交流过程中，往往这种母性是最让人触动的。包括在这之前我也跟父亲合作过很多次。我觉得在与家人的合作中，艺术充当了非常重要的角色，它真的可以改变很多东西，而且也确确实实地发生了。

胡　震：我不太认同当代艺术中的一种泛艺术倾向，所谓"人人都是艺术家"的说法实际上是对当代艺术自身的一种否定。在我看来，艺术之所以成为艺术，就是因为它和非艺术的东西存在着差异。正是在这个意义上，我不同意您刚才把您母亲看成一个很伟大的艺术家的说法。事实上，在《物尽其用》的创作过程中，艺术家的作用至关重要，也就是说，没有艺术家的特殊思考、特殊的角度，或者说艺术家化腐朽为神奇的特殊能力，可能谁也不会去关注您母亲和她多年收藏的废旧物品。说到对艺术的理解，我想还是就您的作品来说更好。很多人都在做，为什么您能获得认同？您是怎样看待自己创作上的成功的？

　　宋　冬：我其实觉得认同并不重要。当你在做一件作品之前，如果你是以认同作为先决条件的话，我觉得是很难被认同的。因为你总是在揣摩什么是认同，或者揣摩别人的喜好是什么，那么，自己又在何处呢？其实我们一生寻找的也就是"自己"，我不喜欢被动和迎合。当然，我们生活在一个共同的世界，甚至面临着相似的困境和问题。作品就像药引子一样，恰当时会激发药力。但药引子本身并无药力，而观众则成为自我的"药"，有时是良药，有时是毒药。当药引子产生作用时，大家会记住它。从另一方面讲，个人的知识结构和视野都能帮助对自身的认识，一件作品影响力的大小与认识直接有关系。而整个人生是不断改变认识高度的过程。我喜欢禅宗中"开悟"和"悟后迷"的概念，开悟实属不易，即使开了也很容易进入悟后迷。我三十岁时做了《三十不立》，四十多岁时做了《四十有惑》。知道得越多，不知道的越多，问题越多，谈何成功？

　　胡　震："知道得越多，不知道的越多"，您的话让我觉得和艺术史家贡布里希所说的"没有惊奇便没有艺术"有异曲同工之妙。说到底，面对纷繁复杂的世界，面对生活中的更多问题和疑惑，您会以什么样的方式来解决？

　　宋　冬：我愿意去观察一些大家不愿去观察的东西，这是我很愿意做的，比如从2005年的《物尽其用》开始，我就做了"穷人的智慧"这样一个选题的研究，研究了很长时间，也做了一些作品，但并没有展示。之所以关注穷人，一方面，我是他们中的一员，生活在其中感受真切；另一方面，今天我们的世界，在面儿上看到的都是一些有才华的建筑师设计的房子，但同时还有一些被忽视的东西，就包括穷人在内，他们当中也有不少人才华横溢，用无奈、智慧创造着属于他们的"建筑"，藏在被忽视的普通生活中。我对很多被忽视的东西感兴趣。

　　胡　震：像您刚才所说，您不愿意去跟随一些主流的东西，往往喜欢自己去找一些逆主流的东西，您认为所谓主流的东西到底是什么？或者说在这十几年中，主流本身发生了哪些变化？

　　宋　冬：其实很难用一句话去概括主流，它是因时而变的。主流是一种趋向，或者说形成了一种风潮。20世纪90年代中后期，英国年轻艺术家（YBAs）的联展"感觉"（SENSATION）在国际上产生了很大的影响。我2000年在伦敦居住期间，当地艺术界已经开始反思和质疑由"感觉"引导的潮流，话题和讨论开始偏离主流，更多地引向

"智力"。记得当时泰特美术馆有个展览叫《智力》。在 2000 年的北京,"感觉"的影响仍然是先锋潮流。原来我听过有的艺术家说,到北京做作品不见血是不行的。大概那就是当时吸引眼球的一种要求——要狠、要有暴力。我想,这是当时的整个社会环境的重压和残酷所导致的,还有 YBAs 成功模式的影响,而且任何成功都会影响很多人,因为在这之前大家可能会忽视这个东西,但这个东西一旦成功,它就变成了一种捷径,一种走向成功的方式。而 2005 年后主流被市场所取代,有市场就行,艺术似乎不重要了。YBAs 的主将达明·赫斯特将艺术与商业、艺术与市场的元素纳入艺术中,提出了很多对"艺术"再思考的途径,产生了很大的争论。金融危机使很多事情冷静下来,对艺术是好事。因为你的跟随者特别少,你的东西还算是比较独特的。积累多了,比较厚实。有时候你有一个很好的想法,你做完后成功了,接踵而至的是大量的跟随者,多得让自己反胃,甚至看见自己的作品都恶心。或者你的一些作品还未拿出来展出,可能别人就把你的想法拿去做了,但他们做得并不那么好,这时候你就会感觉挺难受的,挺好的想法给做砸了,而且你自己的作品也不想再拿出来了,这是一种相互的影响。而我觉得整个当代艺术缺乏的是一种横向的视野,当然,纵向的深入也挺缺失,但特别缺乏的是横向的视野。这与我们保守刻板的教育模式有关。

胡　震:也就是说,您会有意无意地做些纵向和横向比较,从中找到一些适合自己表达的东西,比如早期在西藏拉萨河实施的行为作品《印水》等。

宋　冬:我特别喜欢西藏,他们有自身的文化,他们对信仰的虔诚是非常值得尊重的。这种虔诚给予我很多力量。他们创造出来的很多东西是你特别愿意去研究的,比如藏经的方式,怎么印刷、怎么翻阅、怎么诵读、如何用布把它包上、如何存放,这些给予我很强烈的视觉和精神的力量,我不懂藏文,但我可以从藏经的精神形式中获得我想得到的养分。就是说它怎么认识世界,怎么表达价值观,从而形成精神的形式。我并不是要盲目去认同它的价值观,但它的价值观可以影响我。1996 年的作品《印水》就是从他们日常的一个祭祀活动中得到的灵感。他们在释迦牟尼圆寂的纪念日,拿一个拴上绳子的小佛,把佛放在水里,然后再拿出来,这样重复着。我在跟他们交流的过程中得知其中的含义,就是说,这个佛放在水里面的时候水里会有佛,不是这个佛本身,是佛在水中的形状。实际上是两个紧密合在一起的佛。当佛被提出水面时,水中之佛消失在水中。它水中之形是一个"无"的状态,但是它又是"有",拿出来的时候它仍然有。这个有和无之间的关系就特别细致。我做了《印水》,还做了很多关于有和无之间关系的作品。

"我觉得先从本心出发,然后你会找到一些解决的方式。比如说《抚摸父亲》,事实上我太想抚摸他了,但我确确实实不敢摸他,这是非常真实的一个心理历程。"

胡　震:一般我们讲画油画或者做雕塑的时候,艺术家构思作品的过程其实是一个很痛苦、很挣扎的过程,那您在做装置和行为时,是个什么样的过程?

宋　冬:可以用愉快来形容,既不痛苦也不挣扎。艺术就是我生活的一部分,我乐在其中。在我的字典里，我会慢慢去消除很多词，比如坚持、执着这样的词。我现在正在努力消除坚持，也在努力地放弃执着，但仍然没有放弃掉，我觉得很难。比如你问我是不是在坚持每天写日记，我说这个"坚持"我已经解决掉了，刚开始把它当成作品的时候我可能会坚持每天写，但当后来成为一种习惯的时候，已经不拘泥于形式本身，成为"乐而为之"，不做不快了。

胡　震：其实我觉得在您的很多作品中，形式还是占了很重要的部分，包括《印水》《抚摸父亲》等。

宋　冬：艺术本身还是要通过形式去表现的。

胡　震：对，因为最终它是要通过一个很好的形式去呈现，形式和内容结合得好的话就会被大家认同。许多批评家说您很有智慧，我的理解是您能找到一个很好的方式把大家都知道的这些东西很好地呈现出来，所以我感觉这是最与众不同的。别人说的智慧，您认为是什么？

宋　冬：我觉得先从本心出发，然后你会找到一些解决的方式。比如说《抚摸父亲》，事实上我太想抚摸他了，但我确确实实不敢摸他，这是非常真实的一个心理历程。因为小的时候跟父亲的关系就是觉得父亲是高高在上的，特别高大，很崇拜他。当半大不小的时候你会发现代沟出现了，比如我想留长发他不让我留之类，但你又惧怕他，他在养育我的过程中树立起了他的威严。30岁的时候离家去德国待了一个月，那是我第一次长时间离开家，当时语言不通，感觉度日如年，晚上的时候就会想到家庭和亲人，想如何沟通。也可能是而立之年，想抚摸我的父亲。当时在柏林的个展中我做了一件作品叫《拍》，是一个视频投影装置，投影在地板上的是不断用力拍的手的影像，像拍案。我去看自己的作品，注视着那个影像的手，想到我要抚摸父亲，我特别想传递我的情感给父亲，但是不知道该怎么说。我们的认知不同，需要交流，我想传递给他我的爱。我想抚摸他，但我不敢。怎么办？终于我想出了一个可以去抚摸他的办法，那就是看得见摸不着的影像，所以我做影像的目的不是因为它是新媒体高科技，而是因为它是一个看得见摸不着的物质。它是一束光，看似它在，实际上它不在，但你感觉它在，它就是在的。回国后，我跟父亲谈，最初遭受了挫折，父亲拒绝了。他不让我摸，因为摸了以后他的尊严就没了。后来谈了很多次都没成功。最后，我跟他说：我认为这件作品非常好，您让我做了我就出名了。我这么说了以后，父亲就同意了。虽然在这之前也说过好几次，但他都特别生硬地拒绝了。在父亲答应的那一刻，我很感动。我觉得父亲可以为我的成功放弃所有的东西，他的决定是建立在很深沉的父爱之上，我觉得这是我俩心和心的交流。而当我去做这件作品的时候，他穿着夹克在不断地抽烟。当投影机的影像的手投向他身体抚摸他的时候，他一直在看着我的"手"在抚摸他。出乎意料的是，一会儿他就把外套脱了，后来又把衬衫和背心也都脱了。我特别投入，也特别诧异。我想父亲是感受到了我的这只手，他想让手贴得更近些。但这之后我们再也没谈论过这件事，后来他也没问过我是成功了还是怎么样了，可我和父亲之间发生了一些变化。原来我们也聊天，但一般十点左右父亲就睡觉去了。这之后有的时候我们聊到凌晨一两点，只要我想继续说,他就继续跟我说,或者是他想说我就愿意陪着他说。我们有很多话题,非常融洽。

胡　震:而且距离缩短了。
宋　冬:对,而且我们之间变成了求同存异的关系。原来他总是试图说服我,有的时候我也想说服他,但更多的是他想说服我。做了《抚摸父亲》之后,他总是对我说,他可以说他的意见,但最后做决定的是我。

胡　震:作为艺术家,您用艺术的方式达到了沟通的目的,我觉得这是一个很好的例子,也让我们体会到一件作品创作过程的魅力所在。可以再举一例吗?
宋　冬:我做的作品很多,其中三件作品对我的生活真的起到了非常重要的作用。《水写日记》是把对小时候的一些记忆,练书法的方式、对日记的认识、对有和无的关系的理解等很多的东西综合在一起,最后形成了一个我的生活习惯,它对我很重要。书写本身与自言自语地说话还不一样,你可以落笔看字,你可以真正地感觉到它曾经存在过,你可以看到它慢慢消失。但它终究是没有了,没有了之后你会有遗憾,你记完了那么多东西它都没有了,但最终又没有了遗憾,人一辈子能记住什么呢?中国五千年的历史也不能每分每秒都记下来,大部分都是不知道的,何况一个非常短暂的小生命。所以在写的过程中可能对你的认识发生了特别大的影响。所以我每天在写的时候,眼看着时间在溜走,看着一件事情的溜走,看着你的心跟这块石头进行的交流,诉说也好,表达也好,宣泄也好,但表达完了就走了,是一个悟道的过程。在这个过程中,我学会了"放下"。但这块石头会越来越厚,实际上是一种意识和情感上的厚,它很重,但它仍然还是最开始时的那块石头。刚开始,我是从大自然当中捡了一块石头,后来我立了一份遗嘱,说这块石头是我从大自然中借过来的,等我死了之后要把它再还回大自然。人生也就是一瞬,希望能认真地体会这一瞬。

胡　震:这个过程应该也是一个自然而然的过程,在此过程中可能您又会有新的想法涌现出来,最后到了一个什么程度您自己觉得和谐了、合适了,就停止了。您觉得您的作品可以拿出来的和谐、合适的标准是什么?
宋　冬:我觉得很难有一个标准,但对我来说我愿意做大量的减法。有的时候是因为时间不允许再继续推敲下去了,就拿去了。但有些可要可不要的东西我一定是不要的,我一定是要精简,要做到朴素和简单。但有的东西,它可能就在你的生活当中。就像《水写日记》一样,最初没有人认同它,七年之后才有了第一次展出机会。他们要展览这块石头,我拒绝了。我觉得那不是在展示物品,而应展示事件和一种方式。《抚摸父亲》是1997年做的,到现在也没展出过,它是在杂志、书籍和口口相传中得以传播的。

胡　震:这也是一个"度"的把握问题。好的艺术家或者有智慧的艺术家总能把度把握得很好。那些不成功的,要么就是不足,要么就是太过。我们很想通过您的创作实践和思考过程，让后来者，或者是年轻的想做这一块但又真的很迷惑的艺术家，虽然本来的初衷不是求得大家的认同，但最终是被认同的。您刚才讲到了两件作品，一件是《水印日记》，一件是《抚摸父亲》，还有一件是什么？

宋 冬：还有就是我跟母亲合作的《物尽其用》。这件作品实际上是一个现成的生活，如何呈现出来很重要。这不是一件现成品的作品，这些"物"是纽带，将人、事、物和情感连接起来，并成为他们的催化剂。我想讨论的是，展览已经不再是简简单单地做个东西搁在那儿，作品的部分也包括母亲的家，那是观众看不到的东西，我想把人和人交流的过程呈现出来，然后又会形成一个新的交流空间，而这个空间至关重要。它是一个被开放的私人空间，虽然这些物件是私人的、家庭的，看起来是关于自己的问题，但是它又带有很强的普遍性，生活现实、生活方式和社会急速的变化导致的价值观的巨大差异，以及重新认识亲情的重要性，都是需要思考的问题，尤其是在年龄不断增长的时候。可能年轻的时候关注的是另外的东西，比如在这个社会上怎样才能有一个立足之地，怎样才能养活自己，然后逐渐地你会发现你的责任感会越来越大。我得为我的家庭负责，为我自己负责，为我周边的环境负责。不能让我周边的人因为我的存在而痛苦，我不希望成为这样的人。做作品的时候还是希望母亲和她的生活跟公众产生一个更广泛的交流，所以才去展示。如果没有一个跟公众的关系的话，那我跟母亲在家里把这件作品做好就可以了。对于母亲，她也是在跟别人的交流中获得了她新生的价值。原来她觉得自己退休了，没用了。我父亲去世之后，她就用很多东西把屋子都铺满了。她用东西的满，来弥补人不在的空。她不跟其他人交流，因为她拒绝交流，不看电视，不听广播，只是掩面而泣。她越走越远，回到了一个完全封闭的自我的世界。我完全理解她，因为我也想念父亲，尤其是在跟父亲做了《抚摸父亲》那件作品后，包括之后我与父亲合作的一些其他的作品，我们之间的关系不一样了。这次母亲突然遇难，我更加深切地体会到一种无法自拔的悲痛，我告诉自己怎么去"自拔"，但真的很难做到。虽然我完全理解母亲，但我觉得她不能总是生活在一个越来越小的完全封闭的个人状态下，因为你是生活在一个群体化的世界当中，要跟很多人和事情发生关系，有的时候是由于个人的痛苦而影响到周边的人。就像母亲遇难后我的这种低沉的情绪已经影响到周边的人，别人也不敢给我打电话，我也不愿意跟别人联系，不开手机。母亲遇难的十天后，我到了英国，到了那边谁也不见，每天就是布置展览，而展览又是《物尽其用》。情况很艰难，我严重失眠。我也告诉自己：你如果不能走出来的话，可能真的会给你周边的人产生更大的影响，也将自己封闭了，我想母亲也不愿意看到我这样。其实我也很需要交流的空间，但是我自己很难走出来，这是一种矛盾的状态。当年我为母亲创造出一个跟别人交流的"空间"，母亲的状况在这个"空间"中得到了非常大的改善。母亲从一开始不跟别人说话到最后非常乐意与人交流，展览起到了很大作用。展出的时候，她就像上班一样，每天都去，你不让她去她也要去。她在那里获得了另外一种价值，别人非常关注她。母亲跟我讲过，有一个人去了两次，第一次去了，回家就大哭一场，原因是他母亲跟我母亲一样，但他把他母亲的东西全扔掉了。他母亲伤感的眼神他还记得，他的母亲已经去世了，他后悔当时怎么没有宽容和重视母亲的生活习惯和价值观，在他母亲活着的时候就没有能够愉快地接受这样一种现实。我把这件作品的请柬设计成一把钥匙,当你接到这个请柬的时候,给你的是一种信任,你可以打开我们"家"的门,我母亲的心理之门,还有存在着的隔阂和界限之门。我把我的图录设计成户口本的形式,把家庭的信任放在你的手中,把观众看成我家庭的一员,进入这个小家和大家的世界。

胡　震:您的作品看似简单,其实是一个挺复杂的综合体。从早期作品中道家思想的表述,到后来对家庭和亲情的关注,再进一步延伸到对社会的关注,比如像《吃城市》这样的作品。以后社会题材的作品会做得更多吗?

宋　冬:其实从最开始入手时就是两条路并行:一个是关注外界的社会,毕竟你是一个社会人,你会对现实社会有所反应,你要表达你的态度;还有一个就是关注自身,因为你要有一个内修的过程,怎么去认识这个世界,你的哲学是什么,美学是什么,有一个你想要的终极目标。但实际上是没有终极的,在我的字典里叫作"无始无终",因为这个东西的结束可能是另外一个东西的开始。这两条路还是在并行中。从媒体角度来讲,会更喜欢适合宣传的像《吃城市》这样热闹而又互动性强的作品。该作品已经在国内外九个不同的地方展出,它引发人们重新思考"城市"。作为城市中的人,我们在用我们的欲望建造着城市,同时也在用我们的欲望摧毁着城市。

胡　震:这是人类文明发展过程中的一个矛盾。

宋　冬:是的。现在社会好像都在把利益和机会作为第一位的问题来考虑,但当你获得这个利益和机会的时候,你可能会失去另外的东西。当你最初权衡这件事情的时候,你可能觉得利益是最重要的,但你得到所谓的利益的时候,可能又会觉得你丢失的东西比利益更重要。所以我有时候就在反思,为什么有的人在临死之前会想,如果我再有一辈子,我一定不能像这一辈子这么活。我告诉自己,我为什么不此时此刻就这么想,我现在做的东西是不是就是我真正需要的。就是说,你的价值感是不是只能通过外来的目光才能实现。从本心出发,找到你真正热爱的东西,就像张国荣,普通人看他要什么有什么,但他最需要的他认为并没得到,所以他离开了,而他拥有的那些可能是普通人一辈子可望而不可即的。

胡　震:在做那些行为的时候,有没有想过这种形式的局限性?有时候您可能有些很好的想法,最后却没办法将它呈现出来,有没有这样的时候?

宋　冬:最开始的时候异想天开的东西特别多,但我告诉自己不是所有的想法都能实现,一是能力有限,再一个是条件有限。所以我原来当老师的时候,总是给学生讲这样一个道理:你有一个想法,在地球和月球之间连一根钢筋,如果做成了,这是很牛的事儿,但这个很难做成。即使你做不成这件事,但你有这个想法也是可贵的,这是头脑里的思考,但你并不一定就非要把它付诸事实。也许这件事情有很多人愿意去实施它,但就像人想飞一样,不知要经过多少年才能飞起来。想法是可贵的,但不一定就实现得了。如果实现不了就不想了,那大脑就得不到锻炼。没有物质条件就不能做艺术了,那对艺术还谈不上热爱。我开始做当代艺术的时候,没人理解,没人资助,很边缘。都是靠自己的工资,生活上也很拮据,那怎么去做艺术?就是因为有强烈的兴趣,有创造的欲望和年轻人的激情。别人看不看都无所谓，卖不卖都无所谓。根据自己的条件，做自己想做和能做的事。像《水写日记》这样的作品，不需要花什么钱，石头是捡来的，毛笔也是平时的毛笔，用的水还没我喝的多。

"我觉得就是那三句话：不做白不做，做了也白做，白做也得做。那个'做'字可以替换成任何一个动词。它是一种生活和艺术的态度，当可以真正做到这些的时候往往也就踏实了。"

胡　震： 您是国内较早进入影像和装置行为艺术创作的艺术家之一，从绘画转向影像和装置的原因是什么？

宋　冬： 有许多想法无法用绘画的形式表现，但我并不认为绘画是一个不好的东西，而且我也一直在画画，画得特别少，已经变成画想法或者说是观念的绘画了。我的绘画就是画完了再把它洗掉，它里面仍然有我的观念。但像《水写日记》这件作品，用绘画的形式怎么去表达呢？我觉得挺难的，而用这简单的行为体验表达就够了。不论是静态影像还是动态影像，其看得见摸不着的元素特征与我对有和无、虚和实的认识很贴切，所以做了许多影像作品。

胡　震： 可否这样理解，影像和装置这样的艺术形式具有更宽泛的思想表达功能，所受的局限相对更小一些？

宋　冬： 多媒介更贴切一些，我不愿意束缚自己表达的语言。应该用一种贴切的语言方式去呈现你所要表达的东西。谈到绘画，我对敦煌壁画特别感兴趣，从小就对它很神往。直到去年年初才去了敦煌，真是为之震动。我发现其实我不是真正对敦煌的画感兴趣，而是对岁月、氛围精神和灵性感兴趣。在书上、展览上有许多复原得很好的画，就是没有脱落、褪色和变质的那种图像，我对那些一点兴趣都没有。

胡　震： 主要是寻找内在的东西。

宋　冬： 对内在的东西感兴趣，是天、地、人的共同作用与我产生了共鸣。是什么打动了我？是那些不可知的东西，它里面散失了一些信息的时候，能给你更多的象形空间和包容量，那消失的部分是我特别感兴趣的。我的《泄密》《哈气》《扔石头》等作品里都有散失的东西，是一种"隐形式"。我对录像的再次呈现也特别感兴趣。我们知道自己长什么样是通过两个途径，一个是镜子，另一个是镜头，它是另外一种镜子。当你通过这些看到你自己的时候，你会发现镜中的你，和镜头中的你是有差别的。在你无意识中被别人拍到的，和你知道别人在拍你拍到的是不一样的。因为知道在被拍的时候，你会表演，会通过平时看了若干张照片而知道我这样或那样的表情会比较顺眼一些。照镜子的时候也是，你会在反复照的过程中找到一个自己感觉比较好的角度和神态，这时候实际上你看到的是一个虚的像。镜子是一个能让你知道自己有很多问题的东西，就像通常说"明镜""明鉴"之类。但我很难去真正地相信镜子，它终究是一个看得见摸不着的影像。我的《砸镜子》《砸碎镜子》《漂浮》等都是对镜子的追问。《砸镜子》是录像投影装置，一个石头在不断地砸镜子，大家都很期待这个镜子什么时候能砸碎，但它始终没被砸碎。我把这个影像投在一个老的镜子上，这个镜子又把这个影像反射到对面的墙上，墙又变成了一个镜子，手拿石头在砸墙，这个是我1996年做的作品。1999年我又做了《砸碎镜子》，这件作品跟当时的环境有关，跟虚幻的影像也有关系。在我的《砸碎镜子》里有三面镜子，第一面镜子就是真的镜子，反射出影像，我把它砸碎了；第二面镜子是镜头，它用录像的形式把镜子破碎后的那个所谓真实的影像记录下来；第三面镜子就是那个屏幕，你去看到它的时候它已经是看得见摸不着的东西了。这是一个三重镜，而什么是镜子，我会追问下去。

胡　震：最后一个问题，请您总结自己十几年的创作历程，有什么感悟可以和大家分享？

宋　冬：我觉得就是那三句话：不做白不做，做了也白做，白做也得做。那个"做"字可以替换成任何一个动词。它是一种生活和艺术的态度。当可以真正做到这些的时候，往往也就踏实了。

曹　斐：我不是一个好的案例

　　作家张爱玲说过："出名要趁早呀，来得太晚，快乐也不那么痛快。个人即使等得及，时代是仓促的。"字里行间透着一份时不我待的无奈。与许多渴望成功、梦想成名的同代人相比，曹斐无疑是个幸运儿：学生时代就已经导演了一部极富才华的戏剧作品。二十几岁便通过《三元里》、《角色》（*Cosplayers*）、《珠三角枭雄传》、《父亲》、《谁的乌托邦》（*Whose Utopia*）、《我・镜》（*I. Mirror*）、《人民城寨》（*RMB City*）等一系列作品确立了自己在中国当代艺术领域让人无法忽视的重要地位。她是批评家眼中"新新人类"的代表，是众多国际重要大展的常客，也是许多美术馆、博物馆和艺术机构持续关注和收藏作品的对象。面对成名后接踵而至的荣誉和赞美，曹斐表现得颇有些不以为然。成名，在她看来，只是各种资源的增多而已，她会把这些资源联系起来，充分利用不同的资源实现不同的计划，进入自己更想了解的新的领域。曹斐的成功，固然离不开当今复杂的社会面貌所提供的异常丰富的社会素材，以及飞速发展的信息科技所提供的多种艺术媒介的可选择性，但更重要的是，面对机遇，曹斐能够把自己对时代的感受和思考通过恰当的艺术方式透彻地表达出来，并在同代人当中脱颖而出。正是在这个意义上，我们选择了曹斐。也许正如曹斐自己所说的那样，在当代艺术创作领域，她并不是最好的案例。但在许多被曹斐作品所感动的年轻人心中，曹斐是唯一的，是不可替代的。

　　汉斯・乌尔里希・奥布里斯特在采访雕塑家曹崇恩时问："您最喜欢曹斐的哪件作品？印象最深的是哪一件？"曹崇恩不假思索地答道："拍《父亲》的那部纪录片。"
　　——摘自《我和我的父亲——汉斯・乌尔里希・奥布里斯特访谈曹斐和她的父亲曹崇恩》

　　胡　震：2005年，您发表了录像装置作品《父亲》，翌年，又在《父亲》的基础上延伸出另一件作品《国・父》。两件作品中的父亲形象成为您了解社会、反思历史的一面镜子，照出的是父女两代艺术家对历史、对生活以及对艺术的不同解读。在一次讨论《国・父》这件作品的访谈中，您说："父亲从来很忙，不善于与儿女交流，和他很近，感觉却很远。"又说，您曾经对作为雕塑家的父亲有种本能的排斥。为什么会这样？后来是什么样的机缘使您和父亲之间那种咫尺千里的陌生感逐渐得以消除？
　　曹　斐：过去，我对父亲做的那种代表主旋律的东西很不屑，觉得不真实。社会宣传什么或者时代歌颂什么他就做什么，完全是"与时俱进"的。虽然不屑，但我不会表达出来，只是认为跟自己没什么关系，跟自己的创作没什么交汇点。后来随着年龄的增长，我慢慢发现了一些很有意思的地方。比如，拍《父亲》这部纪录片时，我跟着他，观察他怎样跟机构打交道，怎样与政府工作人员进行深入交涉……通过父亲，我看到了背后整个基层的机构是怎么运作的，他们的"形象工程"又是如何进行的。父亲是工程建构的一分子，他让我想到整件事情和我所关注的当代现象还是有连接的。另外,父亲一直以来都在关注主流历史中的英雄人物。而我在做《珠三角枭雄传》时,则让各路枭雄和英雄人物一起粉墨登场,"正史"和"野史"热热闹闹地共唱一台戏。如果说父亲是从一个"正史"的角度切入的话,那么,我则是站在一个旁观的"野史"的角度去看。两代人都在用艺术去表达这个社会,但完全是两个不同的角度,这就产生了一种很有趣的对话。

后来,2006年台北双年展邀请我去参展,我就想自己跟台北有什么关系?父亲是大陆做孙中山塑像最多的艺术家,记得我小的时候,他就经常去台湾。那时候不是很多人能够去的,不过因为他做了很多孙中山的塑像,有几尊大的塑像还摆放在台湾"国父纪念馆"。在大陆我们称孙中山是"革命先行者"。所以,我就把重点放在"国"和"家"的对照上,在台北双年展做了一个"展中展",策划了父亲的一个个人展览,展出了他20年间创作的各种孙中山塑像。《国·父》这件作品让我重新思考什么是历史,什么是国家民族,什么是可以超越历史或国家民族的情感。当然,也让我对父亲的艺术有了新的认识。

胡　震:无论如何,在您心目中,您的父亲并不是那种常规意义上的"艺术引路人",他的影响对您从事当代艺术创作似乎也没有人们想象中的那么重要?

曹　斐:以前在念大学的时候,很多人都会跟我说:你学你爸爸去做雕塑吧,以后能挣钱。大部分美院的子弟都是子承父业,我就觉得特别没意思。我本身对雕塑不感兴趣,也没想过朝这个方向去发展。雕塑是父亲生存的一种手段,但他身上有一种特殊的东西,草根、幽默风趣、生动生猛,本身就是很有戏剧感的一个人。虽然他常年做英雄人物雕像,但在生活中并不总是客观深入地关心国家大事。除了做英雄雕像,他还做港澳台富商的人物塑像。不过从另外一个角度看又会觉得很有趣。父亲在20世纪八九十年代做了大量的历史伟人雕像,以及为国家形象工程和新一轮城市建设做环境雕塑,同时又做港澳台富商塑像(当时是香港经济飞跃发展的时期),因此父亲从做"伟人"到做"富人",在某个角度看也是我们社会发展变化的真实轨迹。汉斯在对父亲做的那个访谈里问他怎么看待历史,他说人类历史长河那么长,我们只是其中那么一小段,所以说我们记录的历史都是当下的,说不定哪天就变了,他的角色只是历史当中的一个小小的记录者。在这个问题上我和父亲有相同的立场。其实我所做的何尝不是记录,只是观看的角度和父亲的不一样,父亲做的是"正史"的记录,我就做其他补充记录。

在舞台剧时代,曹斐已经充分证明了她的编导和表演才能。通过每一次的角色更替,她既显示了天使般的可爱,又暴露了女杀手般的残酷。当她转向录像艺术之后,这种两面性由于个人出演的减少乃至完全消失,隐没到了受技术支配和鼓励的画面当中,并且呈减弱的趋势。人们给这些作品机器投入一枚硬币,吐出的是某个叫作"观念"的东西,这究竟是一种意外的收获还是合理的调包?出于等待的习惯,我们说,这既是一种策略,也是成长的标志。但是,我们也不能根据今天的某些批评标准把她作品中一直存在的欢快而又刁蛮的性格扼杀在摇篮里。

——陈侗《天使或女杀手》

胡　震：对您而言，1999年有种特别的意义，这一年，您用短片《失调257》开始了所谓当代艺术的最早尝试，还有与博尔赫斯书店主人陈侗的相识。

曹　斐：对。最早在广州美术学院拍的短片《失调257》，当时拍完我就拿给陈侗老师看，后来他就在他的书店里放映，引起了南方艺术圈内对年轻人使用DV这种方式的讨论。实际上，我那时候也只是把它作为一个小短片而不是正式的作品。陈侗认为这个东西可以发展出一些艺术家的气质，能够成为一个作者化的东西。当时除了他比较大胆地对这个作品进行挖掘之外，其他人还是比较谨慎的，他们不知道这个到底是不是艺术，或者说能不能成为一种艺术方向。

胡　震：刚出道便得到圈内关注，这本身就已经说明了您的价值所在。也许是您对自己生长环境的一种逆反吧，您从小就对流行文化感兴趣，并且疯狂地喜欢上了街舞、流行音乐和MTV，甚至偷偷地背着父母向那些跳街舞的人学艺。您对时尚和流行的敏感在您后来的作品中有非常突出的表现。不过，我感兴趣的是，当时做这个短片时，您对当代艺术中的录像艺术有多少了解？

曹　斐：其实录像不过是一个媒介，只是那个时候比较少人去接触这个媒介本身。当时我也不了解当代艺术，更没有去了解中国艺术史、西方艺术史，所以刚开始做录像应该说是出自本能。陈侗老师开始比较关注我是因为我在大学时做的戏剧，当时我就发现这位老师特别认真，其他老师都把它当作一个文娱节目来看，而他会跟我讨论这个戏剧有什么地方做得好。所以后来我拍出短片之后就觉得是不是可以给这位老师看一下。而他也引发了我对当代艺术的关注和思考，所以他是最初引导我进入当代艺术的一个关键人物。

胡　震：现在回头看当时的作品，觉得非常有趣。比如《失调257》中对中国大学生生活的体验，对青春期的疾病和人与人之间关系的表现等，都带有明显的学生味和生涩感，而几乎是在同一个时期，又有了一些特别熟练特别完美的东西，比如《链》。

曹　斐：这两个作品相差了大概一年。这之前做了一些校园戏剧，做得我都没瘾了，就想把戏剧以影像的形式做出来，因此就有了《失调257》。短片表达的是我们青春期的苦涩、无奈的感觉，对未知、不确定的焦虑。其实这种感觉到现在还一直有，如后来的作品《我·镜》《角色》，等等。我的作品是不会给你一个定论的，它不是结论性的宣言，而是开放性的，透明的。而《链》的创作则是我受到了当代艺术的影响。1999年拍完《失调257》之后，陈侗推荐我的作品在侯瀚如策划的展览中展出，由此我结识了很多广东的当代艺术家前辈，我也开始囫囵吞枣地阅读一些当代艺术书籍，开始了解录像艺术。

胡　震：就视觉效果来看，《链》这样的作品在技术上的把握特别好，尤其是和《失调257》的生涩相比之后，有一种"曹斐怎么突然特成熟了"的感觉，这种感觉不可思议！

曹　斐：《链》在技术上的完美，我想跟我大学期间兼职做影视广告的经历有关。

广告一般要求都是三十秒，然后每一秒钟都要有分镜头，每个画面要求是完美的。我把这些艺术以外的经验放进自己的语言框架里面就出现了这样的效果，包括我今天的影片的画面要求、镜头切换也很简洁干脆。我觉得广告美学中对视觉的要求还是对我很有影响的。

"三元里计划是我与曹斐应邀为第50届威尼斯艺术双年展而创作的影像、纸媒体出版物和文献展示项目——它从三元里这一节点开始对广州进行切片研究，它以城市漫步者的姿态，探讨历史之债、现代化与岭南宗法聚落文化的冲突与调和、都市村庄的奇异建筑和人文景观。""从一开始制作我们已经确立了影片和书籍两个方向。这个项目不单单是一个影片，对于我来说，它是一个社会学的调查和研究。影像只是其中一个手段。影像部分我们是希望突出它的视觉效果，显现对听觉和视觉的冲击。而书籍部分我们集中了一些论证性的东西，把理性的东西都放到这里面来。"

——欧宁（摘自信息时报《〈三元里〉影像之后的声音》）

胡 震：《三元里》是您和欧宁以及"缘影会"合作的一个项目，可以说它是您创作生涯中的一个重要的里程碑。因为自此之后，您逐渐把关注的目光从对当下年轻一代迷茫、躁动和反抗的表达转向对社会和人性更深更广层面的关怀和呈现。比如《角色》《牛奶》《珠三角枭雄传》《父亲》《谁的乌托邦》等。有人说谈曹斐不能不谈欧宁。我想如果您不介意，可否就《三元里》这件作品，谈谈您和欧宁在艺术方面的交流、沟通和合作？

曹 斐：欧宁是1969年出生的人，年纪轻轻就开始写诗歌，接触文学，80年代的文学创作对他的影响很深刻，他比较靠近60年代中期或更早的那一代人的思维，很有时代责任心和使命感。我跟他交往时大学还没毕业，创作上比较朦胧，更多的时候是依靠本能。他大我9岁，世界观比较成熟，所以他的创作表达已经有了自己的一套完整的方式。在做《三元里》时，他的社会学、人类学的研究方法都给了我很大的启发，影响了我后来在西门子工厂做《谁的乌托邦》，我不再单纯地从个人主观角度出发，而是从一个整体的宏观角度去观察，从而开启了我跟社会的一种新的沟通方式。但我们这一代跟60年代还是有区别的，我们这一代有更多的自我，也缺乏沉重的经历，所以还是不能像他们那样理性地构思作品，相对而言还是比较感性，像欧宁说的"比较享乐"，而不是一种沉重的挖掘。

胡 震：关于如何呈现当代艺术作品的厚度问题，一直以来都是大家比较关注的话题之一。如果把黄永砯和20世纪80年代的艺术家做个比较，欧宁会完全否定后者么？

曹 斐：我想他也不会完全否定。他还是会根据不同的时代去理解不同的艺术家，比如说他做"大声展"，也推出了很多年轻艺术家。从年轻一代的视野里呈现的是不同的世界，"80后"的年轻艺术家本来就成长在一个充满表皮信息的社会，不一定要在他们身上挤出所谓的作品思想厚度。

胡　震：《三元里》之后你们合作得比较少了，是怕互相影响，还是彼此各有追求？

曹　斐：我觉得也没必要两个人都一样。像宋冬跟尹秀珍他们也是各做各的，可能有相互的交集，但还是有自己独特的理解和风格。欧宁在农村长大，我在艺术学院这样的环境中成长，这些背景都会影响到各自看世界的角度。

胡　震：也就是说他并不十分认同您的作品，包括您作品的表达方式，对吗？

曹　斐：他对我的作品既有认同的地方，也有不认同的地方，都会影响到各自看世界的角度，他更倾向于记录与真实。所以我们对作品的讨论肯定会有，比如在做《三元里》时，他的侧重点是整体思路和研究方法，我就是联络组织和后期剪辑，两人是相辅相成的关系。

胡　震：我个人就比较偏爱《谁的乌托邦》这件作品，虽然在镜头的处理上依然是典型的"曹斐做法"，比如一个人或者一群人站在那里，只有简单的、静止的镜头切换，但从画面上人物的表情、站姿等细节的呈现中，我对录像中那些年轻的外来工们有了新的认识和理解，希望乌托邦不仅仅只是虚无的幻想，也希望梦想变成现实的那一天早日降临到他们身上。这种切换镜头的做法好像成了您的一种习惯，您自己有没有注意到这一点？

曹　斐：这个可能跟我做舞台剧的经验有关，舞台剧里面很讲究人物和环境。而我个人也比较关注不同的人与其所处的环境的关系，比如《角色》中的人物站在城市的天际线下，与周围的环境产生了戏剧化的对比，又如《嘻哈》中的人物与他们生活环境的关系等。我觉得环境是体现人物的身份及其思考的重要因素，环境本身也成为语言或台词，通过录像记录能更立体化地呈现出他们的心理状态和人物背后的历史。

命中注定地，曹斐和她的许多朋友必须为某种文化融合的定位，或者为着多重定位而耕耘。因此，正如曹斐的作品所表现出来的那样，她深深地为社会和个人角色的转换而痴迷，并像许多人一样，成为一个角色扮演玩家和一个第二人生的化身。这同时也是"嘻哈"系列、"Cosplayers"系列和第二人生项目在她丰富的创作中脱颖而出的原因。曹斐曾经在世界的各个角落，把来自不同国家、不同社会和文化背景的人们变成嘻哈舞者和角色扮演玩家，她在 2007 年威尼斯双年展的中国国家馆展区和第 10 届伊斯坦布尔双年展的第二人生项目，吸引了全世界的参与者。她不断演变和增加的身份如今有了一个新的名字，China Tracy，业已成为一个全球化的品牌，在这场激动人心却又矛盾的全球文化战争中有效、有力、热情地影响着我们对身份的观念。

——侯瀚如《私·政治学·论曹斐作品》

胡　震：谈谈这两年您在网络虚拟游戏第二人生上做的作品和项目吧。2007 年，第 52 届威尼斯双年展中的中国馆以"日常奇迹"为主题，展出了四位中国女性艺术家的作品，您的作品 China Tracy 在国际策展人侯瀚如的推荐下顺利入选。您认识侯瀚如吗？

曹　斐：我在 1999 年就认识侯瀚如了，比认识欧宁还早。那时候，陈侗告诉侯瀚如说有个广东女孩拍了《失调 257》，让他拿个带子回去看看吧。当时我还不知道这件事。过了一段时间，侯瀚如就告诉我，说他要把我的作品拿去参加展览，就这样慢慢地认识了。之后他也看过我几个关于录像艺术的作品，提了一些批评意见，说拍得太广告，太完美了。我刚拍完 Cosplayers 时他也很犹豫，没有马上下定论，而是过了半年以后才慢慢开始理解。所以我觉得艺术家跟策划人是一种互动关系，而不是我们想象的策划人总站在一个宏观的高度去挑选艺术家，让艺术家成就自己的结论。因为每个艺术家都在以自己的方式看世界。比如说，如果我不把 Second Life 作为创作基础，一些策划人可能也不会关注到新一代互联网的网民生态。所以其实每个艺术家都在给策划人提供一个理解世界的理论体系。可能有些人会说艺术家只是根据策划人的命题来填空，但我不完全同意这个观点，虽然策划人是一个独立的角色，但他也要通过艺术家提供的各种线索去不断拓展他对世界的理解。

中国特别是前几年的展览机会不多，所以国际策展人一来，艺术家就"排队看病"，策展人和艺术家似乎变成了不平等的关系。策展人手握作品的生杀大权，艺术家只能等着被挑选。可能中国艺术家人多机会少，导致策展人在中国权力很大。在西方就挺平等的，西方艺术家觉得无所谓，反正选不上展览还是会继续自己的创作，艺术家还要看展览主题好不好，策展人来他的工作室他还不一定会欢迎。中国的艺术家好像一定要奉承策展人才能获得机会。我觉得两者的关系本来就是平等的，他们的合作是一个需要相互讨论和理解的过程。

胡　震：在您和侯瀚如的交流中，他对您的创作一般会提出什么样的建议？

曹　斐：他很少当面提建议，也不当面和我讨论，我了解他主要是通过他的展览和文章。因为大家都是老朋友了，见面就是聊天，所以就不会太严肃地去讨论作品。只有读到他写的东西时，才会了解他的策划思路，了解为什么他会喜欢关注这样或那样的作品。

胡　震：从早期的《失调 257》到《三元里》，再到后来的一系列关注社会、关注都市化或反映全球化给中国带来的问题的作品，这一切都与现实生活紧密相连，您为什么会突然喜欢上网络虚拟游戏，并开始做 Second Life 这个互联网的作品？

曹　斐：首先，我对新鲜事物比较感兴趣。当时我有朋友介绍我去玩这个线上游戏，他说在上面可以买土地，建自己的房子。我觉得这个挺有意思的，全球那么多人同时在线，一个那么大的虚拟社区，而且里面还有很多自治城市，很符合桃花源式的乌托邦想象。再加上当时刚好接到威尼斯中国馆委托创作，所以就有了这件作品。

胡　震：就是说接到威尼斯的委托时您还没有做好创作这件作品的心理准备？

曹　斐：那时我刚开始接触，我就想不如做这个 Second Life。其实是挺冒险的，因为我对这个世界还不是很了解，但就觉得它是一个很有意思的东西。于是我就全然不管了，那半年就一直沉迷在那个游戏里面。后来展览时，一些人去了中国馆就觉得这件作品跟中国馆好像没有什么关系。

胡　震：对，说实话，有些人看了威尼斯这个展览后，说尹秀珍那个不错，但曹斐那个好像不怎么样。当然，也有的说这个想法不错。对于一些负面意见，您是怎么想的？

曹　斐：可能一般人认为国家馆就是要带着一种国家的使命，有国家自己的语言。但是对于我来说，这个不是艺术外交，艺术不存在那么多国家给予的使命，我们关注的还是艺术家自己的独立思考。我参展的虽然是中国馆，而 Second Life 则是从另外一个角度看到我们这个世界是如此平面化，我今天在线上和美国那边的人就只是时差的区别。这个反映的是我们今天的问题，而今天的问题也是中国和全世界共同面对的问题。比如说，Online（线上）依旧有很多问题，例如歧视、我们怎么选择我们的形象，还有我们讨论的话题，你会看到差异和共同之处。我就一直在探索在虚拟世界内有关身份的模糊性，包括对数字时代的伦理、对虚拟实在的理解等。

胡　震：计划进行到这里了，下一步的《人民城寨》将会以什么样的方式持续下去呢？

曹　斐：《我·镜》虚拟世界纪录片是我对 Second Life 的一个整体的概观，有评论说它是一部电子史诗，这件作品反映了我们互联网游牧时代的生态。接下来《人民城寨》是第二个跟 Second Life 有关系的项目，我将会在上面建立一个属于自己的虚拟城市。

胡　震：RMB city 的中文对译为什么要避开"人民币"这样的概念呢？

曹　斐：我觉得"城寨"跟《三元里》里面所描述的村落有相似之处。"城寨"有一种"占山为王"的意味，它还没发展到"城市"，只是一个部落，一个大世界里面的小世界。英文的翻译也是多向性的，也可以翻译为 remember（记忆），这个符号之城是对当代的一个记忆。所以我觉得它有几种解读：一个是"people's city"（人民的城市），一个是"remember"。

胡　震：那究竟还有没有"人民币"的含义呢？

曹　斐：当然有了，因为这是一个由经济撑起来的城市。

胡　震：《人民城寨》是继《我·镜》之后的又一个短片作品吗？

曹　斐：很多人看到《人民城寨》短片就以为是个录像作品，实际上，《人民城寨》是一个长期项目。就像楼盘卖广告会做一个3D模拟的广告给大家看，你所看到的短片其实就只是一个前期的项目宣传片。因为建造这座城市确实需要钱，那么，钱从哪里来呢？我就要利用这个宣传片去宣传这一个项目，吸引投资者，等筹集到资金再建城。

胡　震：那么，目前的情况怎么样？资金到位了吗？

曹　斐：还没全部到位。现在是一边推广，一边筹集资金。城市建立起来后，还要考虑怎么去运作、组织活动、建构一个完整的城寨社会体系。所以这个项目跟我以往做的有非常大的差异，以不同的理念去做一些开拓性的尝试。例如，通过"人民城寨"这个项目，我认识了很多IT界的人士：Second Life 公司的人，做互联网研究的人，网络哲学研究者，互联网自由文化传播（free culture）的研究人员，国际知识共享（creative commons）组织，他们又大大拓宽了我的视野。我也会关注IT周刊，看中国现在的游戏市场怎么样。这些都是我目前需要了解的背景知识。

胡　震：这个变化确实太大了！很多人都不禁要问："曹斐现在究竟在干什么呀？"

曹　斐：这个其实跟我之前的项目也有关系，比如我对珠三角做的研究，我和《城市中国》持续的密切合作以及我对中国城市的关注。我想把自己的阶段性的探索放进 Second Life，再加上我对 Second Life 的理解去组织一个新城，看看有什么可能性。但其实这个工作已经超出了一个艺术家的负荷。这不是单纯地传达作品概念，而是要建立一个交流平台，如怎么去保持城市的活跃度，怎么去做城市规划，从物理上、空间上去划分城市。其中有些很有趣的部分，例如融资和宣传，这又让我发现了一些新的领域。所以我不仅仅是别人所定义的一般的"当代艺术家"，我会坚持自己《我·镜》这件作品最后关于虚拟世界的消极评价。为什么反差会这么大呢？其实我现在的生活态度还是很积极的，但每次我参与到项目中去，经历了一个过程，最后还是会回到一个基点。比如说 I. Mirror，本来我是怀有很大的热情和好奇心去做这件事的，但到了最后，还是显现出这样一个结果。但我不知道 RMB City 的结果会怎么样，或者到了最后它真的只是一个乌托邦。项目可能会失败，投资者会拿不到什么东西，或者城市的建设做了一半就进行不下去了，因为虚拟城市里面有太多未知的元素，我只是尽力去尝试。不过，这个项目又和之前的不太一样，会有很多其他艺术文化机构被卷入其中，我需要跟不同的人和组织合作沟通，所以这个项目是有一定的建构性的。

胡　震：要让这个项目延续下去，就要解决资金的问题。解决方法就是要让更多的人进入"人民城寨"，这样才可以给您带来收益。所以做《人民城寨》时，您一方面要做出迎合大众的东西来吸引玩家进"城"，另一方面也要在城寨里实现您的艺术想法。我觉得假如艺术想法实现不了，您做这个项目的意义就不大了。一开始是一个艺术作品，但在过程中就慢慢淡化了艺术的意义，甚至到最后完全消解了，那怎么办呢？

曹　斐：第一，人们进入城寨并不需要我去迎合他们。以城寨为主，创造者本身会设立一些规则，你想要进来，就要遵守城寨的规则。而不是说，请你过来我这边，我会给你提供服务。这和你的想法恰恰相反。可能通常在 Second Life 买地建房，拥有者就有所有权。但《人民城寨》是一个艺术项目，我认同了你这个机构、投资人和你将在城寨里做的事情，才会让你进城。

胡　震：换句话来说，一切都在您这个"山寨王"的掌控之下，大家都是围绕着您的艺术目标去做的。至于这个项目能不能实现，现在还是一个未知数。

曹　斐：我们这个城寨部分建筑其实是给全世界范围内的艺术机构、美术馆使用的。为了丰富城里的文化艺术生活，这些机构首先要有自己的内容。比如有十个机构申请进城，我们选择其中比较好的三个，这样就可以保证城寨文娱生活的质量。我们也会设立城寨委员会，跟不同机构的主人定期开网络会议，讨论城市的发展方向。这些艺术机构在现实生活里遍布世界各地并各自为政，但这个项目可以把它们在同一时空下联系在一起。比如有个国外机构想进城，但自己对虚拟美术馆的运作方式还是不太确定，他就主动去请教另外一个已经计划进城的机构，两者无形中就会联合交互起来。

胡　震：我们艺术界现在对全球一体化是比较质疑和反感的。*Second Life* 是在强化全球趋同这一概念吗？

曹　斐：我觉得 *Second Life* 跟现实生活还是有不一样的地方。从视觉体验角度，它的三维立体界面给予艺术家的是一种不同的想象方式。通过设置特定的程序，它可以打破在现实世界中感知空间、时间的方式。同时，它也是社会学、人类学研究的新场所，它在虚拟经济上的研拓发展了现实中的自由市场经济。我不是对抗全球化的人，我关注，但也不赞扬，仍旧保持一种中立的态度。本来 *Second Life* 就是一个全球化的结果，互联网也具有联通整个世界的使命，这是无可阻挡的。并且我们的时代比过去任何时代都包含着更多的非确定性和流动性，尤其是我们的身份认同。我们不可避免地聚到一个虚拟的社会共同体中，有些艺术家的创作方式是对抗全球化，但我的大方向还是一个建构的过程，在制造非确定性的同时不断寻找建构的可能性。

乌利·希克：我更愿意把自己看成一个研究者

乌利·希克捐赠一事众说纷纭。这种似乎是让人捡了大便宜的行为反而让艺术圈人士加剧了对"西方藏家"的恐慌，认为背后一定另有隐情。希克把藏品捐给香港M+博物馆，在捐赠作品信息并没有完全公开的情况之下，国内的艺术圈子就已经乱了。对于那些刺耳的不断质疑的声音，希克在吃惊之余，也苦口婆心地进行了回应。但是，人们似乎并没有因此而稳住阵脚。坦率地讲，我们应该更多地关注希克先生如何设法发现那些艺术家们的伟大作品，并适时地将它们买下以完善其长达数十年的文献式艺术收藏，而非只是一味哗众取宠，引发争端。无论如何，乌利·希克的名字在某种意义上就是一个符号。每当提起这个名字，我们不仅会想到那些被希克收藏的艺术家们的作品，同时也会思考由作品传递出来的20世纪70年代以来中国当代艺术发展的历史意义。

胡　震：您一直被誉为中国当代艺术的一位传奇藏家，您对香港M+博物馆的捐赠揭开了您在过去二三十年来收藏中国当代艺术的谜底。消息一经公布，一系列关于您此举动机的争议四起。在回应我国各路媒体的质疑时，您特别提到了某些批评家对您所捐赠作品质量的偏颇意见。我认同这种观点，即我们应该专注于艺术家的作品价值本身，而非只是为了哗众取宠，引发争端。作为最早介入中国当代艺术的西方先行者之一，您能谈谈当初是如何开始接触中国当代艺术的吗？

乌利·希克：我并不认为我是最早的那一个，但我想我是唯一一个系统收藏中国当代艺术的人。我有自己的收藏理念，并非随便玩玩而已。也就是说，我是第一个心怀理念进行收藏的人。我开始收藏时，就发现中国还没有一家机构的藏品能够让你看到1970—2010年这一时段的中国美术史。我觉得这很奇怪，因为中国是世界文化大国，但这一时期的实验艺术创作居然无人问津——这在世界上都是少有的。所以，既然没有人做这件事，我来做就好。至少我尝试去做了。

胡　震：您是说从一开始，您对自己要尝试做的事情非常清晰明了，而且根本就不顾忌未来会是成功抑或失败？

乌利·希克：在20世纪70年代和80年代，我还没有收藏。但我看得很仔细，也很用心。如果用西方人的眼光来判断，当时我所看到的一切并不那么有趣——毕竟我也是收藏西方最新当代艺术的藏家。后来我开始收藏。再后来，我发现中国艺术家们真的找到了他们自己的艺术语言，于是，一切变得有趣起来，我也开始了自己对中国当代艺术文献式的收藏和积累。所以说，其他人可能比我更早介入中国当代艺术，但他们并没有什么明确的收藏理念。

胡　震：在您不断丰富您的中国当代艺术收藏作品清单时，有什么趣事可以和我们分享吗？您是如何设法发现那些艺术家们的伟大作品，并适时地将它们买下以充实完善您刚刚特别提到的文献式收藏的呢？

乌利·希克：补充一下前一个问题，我想说我只是做了一件任何一个地方的公共机构或国家博物馆都会做的事情。但实际上他们什么都没做，所以我想我应该尝试去做。我收藏的是对中国不同历史时期不同问题的真实反映的作品，仅此我们就可以写一本书了，所以很难用三言两语交代清楚。它是中国社会的一面镜子，是这个社会的一种话语表达。70年代后期是中国艺术家创作自主的开始，艺术家们可以随心所欲地选择自己想要的东西，而在此之前，基本上是以官方艺术为主。因此，艺术自主的开始，包括这一时期的绘画创作，尽管在全球艺术的背景下并非那么有趣，但对中国艺术史而言却有着非常重要的意义。

胡　震：您曾经为错过了某个您认为对您的收藏而言非常重要的艺术家或作品而感到遗憾吗？

乌利·希克：我在这么多年里遇到了上千个艺术家——好的或是差劲的——各种各样的，非常多。他们来自不同的地方，有些甚至是非常偏远的地方。这是一个漫长的过程。当然，每个人的收藏都会错过一些东西，我的收藏也不例外。当你在某个时刻不得不做出决定时，很多事情已超出你能控制的范围了。

胡　震：基于您对中国当代艺术的收藏经验，您认为中国以及中国当代艺术最大的变化是什么？

乌利·希克：如今中国还处在现代化进程中，而且中国的现代化进程与其他国家都不一样。中国已经经历了不同的阶段，这也是为什么艺术在不同阶段也会有不同的呈现。我想艺术在这一现代化进程中能够很好地反映出特定时期占主导地位的各种话题。所以看到我的收藏，您真的能够看到中国社会的发展进程。

胡　震：您做了大量的工作让世界对中国当代艺术有所认知。不过有这么一种说法，在西方，当人们谈论中国当代艺术时，他们感兴趣的仅仅只是作品的标价而非艺术本身。您是这样认为的吗？

乌利·希克：当然不是。价格是一个话题——由于它的急速上升和下降——然而我不认为这是唯一的话题。在西方，人们看重拍卖这一部分，对其他不在拍卖图录之上出现的艺术知之甚少。的确，有许多优秀艺术作品并没有收入拍卖图录，而且经过拍卖的艺术作品及其爆炸性的拍卖价格确确实实吸引了西方人的关注，正如中国人也会被其价格所吸引一样。中国的大众感兴趣的也主要是艺术市场上高价拍卖的艺术家的作品。对于拍卖图录上没有的艺术同样知之甚少。

胡　震：您能告诉我们一些从开始到现在西方对中国当代艺术看法的一些变化吗，能否举例说明？

乌利·希克：可以。1999年以前，对中国艺术有所了解的人依然很少，他们或与中国有某种联系,或对中国特别感兴趣。然后在 1999 年,在威尼斯双年展上,前往威尼斯的观众不得不去参观一个大型展览上的中国艺术作品。实际上,在 1993 年也展出过中国艺术作品,只是没有人会走到那个角落观看而已。然而现在,它们被安排在亚洲展区,成为整个双年展的主要部分。中国当代艺术的品质让人惊奇。之后最大的一次展览是我在伯尔尼做的"麻将"展,这也是我作品收藏的第一次展览。在此之前,人们零零星星地会在这里或那里看到一两件中国绘画作品,但从来没有像在伯尔尼那样,一次性欣赏到三百四十件作品。所有看过展览的人都十分感叹:"哇噢!我们非常吃惊!特别是中国艺术作品的深度和广度让我们震惊!没想到中国艺术家的技艺如此精湛,他们无所不能。"好的艺术总能让人激动兴奋。这也导致了西方人对中国艺术态度的改变。最近,确切地说,在过去的两三年里,许多西方藏家和专业人士开始对中国艺术产生怀疑,因为从中国艺术中看不到什么新的创造,很多人觉得艺术家们没有做深入的研究,对艺术没有什么推动作用。这就是目前中国当代艺术的生存状态,而我们需要看到一些鲜活的思想。

胡　震:您会继续买入中国当代艺术品,特别是年轻艺术家的作品吗?

乌利·希克:我会一如既往地收藏我喜欢的中国当代艺术品。事实上,我更愿意把自己看成一个研究者。当然,人们更多地认为我是一个收藏家,但我的确是一个研究者,我只是幸运地拥有为自己的研究购买那些藏品的机会。无论如何,我还是想要继续我的研究,关注年轻艺术家们的所作所为。不仅仅是年轻艺术家,对于我认为有趣的成熟的艺术家,我也会跟踪观察。

胡　震:有人为投资而收藏,有人只是为了填补沙发上的空墙而购买艺术,还有人为了获取更高的社会地位而收藏。一直以来,您都是出于对艺术的热爱而收藏,就像儿童收集邮票那样:因为喜欢,您沉迷于此,无法抗拒。我理解您对自己的收藏所做的一切,但我不解的是,为什么香港 M+博物馆没有劝您用自己的名字来命名这座博物馆?毕竟在世界各国,以这种方式赋予大藏家们以荣誉的事情并不鲜见。

乌利·希克:我对这个没什么兴趣,以我的名字命名不命名并不重要。实际上,博物馆方面也曾提议用我的名字为一些展示空间命名。这事儿我连想都没想过。我觉得,重要的是艺术家,是创造作品的艺术家,他们应该有获得展示其作品的机会,这才是我关心的主要问题。我之所以把藏品捐给 M+博物馆,就是想让中国艺术家们能够有这样一个空间与世界交流,也与国内公众交流。一切都是为了艺术家,而不是我。

胡　震:对我而言,乌利·希克这个名字在某种意义上就是一个符号,每当提起这个名字,我们不仅会想到您所收藏的那些艺术家们的作品,也会思考 20 世纪 70 年代以来中国当代艺术发展历史。老实讲,这是您一开始就想要的结果吗?

乌利·希克:谢谢您的褒奖。当初我就知道这事儿总有一天会发生。但我更想呈现的是那些真正反映历史现实的艺术家,我一直都很清楚这种文献式的艺术收藏对于了解过去三十年中国历史的魅力所在。我很高兴,人们能够理解我多年来的想法。遗憾的是,到 2017 年他们才能看到这些作品——不是一件两件,而是令人印象深刻的整个序列,非常有说服力,而且能让我们看到许多极具创造力的中国艺术以及一个充满创新意识的中国艺术圈。

胡　震: 从学术的角度来看……
乌利·希克: 也是研究所必备的很好的工具。

爱德华·温克尔曼、穆拉·奥拉佐巴科夫：
动态影像画廊主的思考和选择

爱德华·温克尔曼和穆拉·奥拉佐巴科夫是纽约温克尔曼画廊的合伙人，也是纽约和伦敦"动态影像艺博会"的联合创办人。两年来，"动态影像"的影响越来越大，支持者日益增多。除了方法和模式上的创新，两位创办人所具有的胸怀、视野和智慧不能不说是他们成功的重要原因。毋庸置疑，他们经营当代艺术画廊的经验丰富，但更重要的是，他们乐于与人分享这种经验。正因为如此，才有了我们在纽约温克尔曼画廊的这段对话。他们用影像记录着一切，影像已然成为一种新的世界通用语了，再看看有多少艺术家在用摄影机创作就知道，影像这种媒介已经变成一种表达我们时代思想的重要工具了。

胡　震：今年要在伦敦举办的"动态影像艺博会"现在进行得怎么样了？

爱德华·温克尔曼：到目前为止，一切进展顺利。艺博会汇集了众多的画廊和艺术家，非常国际化。不仅如此，我们还将为伦敦动态影像艺博会设立一个重要奖项，届时将由泰特现代美术馆的影像策展人从参展作品中挑选出一部列入他们的收藏。对此，我们感到非常兴奋。这个奖叫作"动态影像奖"，以此表达我们对来自旧金山的收藏家帕梅拉和理查德·卡姆里奇夫妇的敬意，他们一直专注于收藏动态影像和多媒体创作的艺术作品。加上来自世界各大洲的优秀画廊的参与，我们认为这次动态影像艺博会将会办得非常出色。

胡　震：与去年相比，今年在项目的操作上会有哪些方面的改善？

穆拉·奥拉佐巴科夫：我想今年会好很多，因为首次推出总是很艰难，而今年是第二次了，知道这个艺博会的人越来越多，所以今年我们会迎来更多参观者。我的判断来自3月纽约动态影像艺博会的实际数据。除了观展人数的大幅增加，今年关注的媒体也增加不少，所以我觉得，跟第一次相比，今年一定会办得更好。

爱德华·温克尔曼：穆拉说得对。还有，因为我们去年已经解决了一些后勤服务方面的问题，所以今年才能够进一步提升整个项目的品质。除了现场的行为表演、开幕接待之外，我们还会举办专题讨论会，邀请重要的策展人、各大美术馆的专家和藏家参加。届时，许多当代艺术团体和机构，包括博物馆专业团队都会和一般参观者一样前来观展。所以说，我们的工作在不断完善，得到的反馈也是一次比一次好，人流量增加了，参展画廊的品质也在提升。

胡　震：在你们的邀请名单上，一定有不少来自世界各地的重量级影像艺术家吧？

爱德华·温克尔曼：此次艺博会是多元影像艺术的集锦。一些具有重要历史意义的作品将会在艺博会上展示，这也是艺博会的一个重要组成部分。目前已经确定参展的先锋影像艺术家有德里克·布伦德尔、戴维·沃基纳罗维兹、汉娜·威尔克以及莱斯利·桑顿。莱斯利·桑顿是我们画廊旗下的一位艺术家,她在影像艺术史上的重要地位让我们感到十分自豪。在伦敦艺博会上,我们还会呈现卡若琳·史尼曼的一件重要装置作品,卡若琳也是一位举足轻重的影像艺术先行者。展示这些历史作品的初衷是创造一种语境。"动态影像艺博会"的首要使命就是要为这些作品创造出一个市场,以市场的建立达到教育的目的。对于那些没有密切关注影像作品的人,那些没有像关注绘画、摄影或雕塑那样去密切关注影像的藏家,我们想通过历史作品为他们创造一种语境,当他们来到艺博会现场,面对初出茅庐的青年艺术家的作品时,能够从历史的脉络中思考作品的意义。这就是这些历史作品那么重要的原因。那么,我们的艺博会是否应该囊括所有当下最优秀的影像艺术家呢?对此我不予否认,但也并不认为这就是我们追求的东西。这不是一个美术馆的展览,它其实是要展示一个全貌,它秉承着这样一个宗旨:让刚开始接触影像的人进来看看这些作品是怎么摆弄到一块儿的、从历史的角度去看年轻的艺术家是怎样去向那些资质老的艺术家学习的。所以,这个艺博会还是十分给力的,但它并非像美术馆展览那样去策展的。

胡　震:是谁最先想到要做这样一个只专注于动态影像的艺博会的呢?

爱德华·温克尔曼:据我所知,在我们之前有两个与动态影像有关的艺博会:一个叫 Loop 影像节,每年都会在西班牙的巴塞罗那举办;另一个在纽约和其他几个城市举办的艺博会叫 DIVA,代表"数码图像"和"影像艺术",它大概始于 2002 年。我想说的是,"动态影像"是在追随这些先行者的脚步声中诞生的。实际上,Loop 影像节到现在也一直在举办。我们觉得我们给影像艺术博览会这个大家庭带来了一种模式,鼓励画廊通过一种非常简易的方式把影像作品带来参展。我们提供所有设备,画廊就不用大老远地搬运设备过来了。他们只需要带光盘或者视频文件就行,所以通过提供这种便利的途径,即便是远隔重洋的作品也能被带到影像艺博会上来,我们鼓励画廊主们三思而后行。的确,你也知道,办展会要花很多钱,可对我来说再简单不过了,我还想出了其他很多办法去展示你的作品。要是换成其他展会,比如巴塞尔艺博会,如果你想分出半个展位给影像作品的话,你必须带显示屏,投影设备,你还得想法子把展位弄黑,这些杂务只会让画廊泄气。这也就是一般我们在艺博会上很少看到影像作品的原因。操作起来很困难,所以我们尝试简化它。

胡　震:也许您节省开支的简单方法对感兴趣的画廊主而言非常有吸引力。

爱德华·温克尔曼:我们完全认同您的看法。从学术的或者说哲学的观点来看,"动态影像"的背后有两个问题值得探讨。一方面,正如您所说,影像是一个非常重要的方向。我们看到当下有许多的艺术家,他们也许之前一直从事绘画或雕塑创作,后来才拿起摄影机,开始去创作影像作品,可能他们会把影像融入雕塑和装置中,部分原因是对他们来说这样更容易操作。现在你可以用电脑里的工具,根本不需要昂贵的影像和其他设备了。另一方面,我们这个时代的人与影像的接触要比以往任何时候都频繁,视频类网站就是一个很好的例子,看看那上面有多少人在记录他们自己的生活。我们用影像记录着一切，它已然成为一种新的世界通用语了，再看看有多少艺术家在用摄影机创作就知道，影像这种媒介已经变成一种表达我们时代思想的重要工具了。同时，我们也认为，影像艺术目前在大型艺博会上不是很吃香，这主要是由于后勤的原因，实际操作起来很难，在我们看来，现有的作品呈现规模根本不能准确地反映影像艺术家的数量以及影像的重要性。有意思的是，这种模式和常规的艺博会差别很大，画廊主越深入地参与其中，就越能体会到这种灵活性给他们的多样选择，并且也更能从中获益。

胡　震：早在2002年您就有了创办动态影像艺博会的想法，但到2011年才最终付诸实施。到底是什么原因等了这么久？为了这个艺博会您是怎样说服画廊主们认同您的理念的？又是如何寻找收藏家的支持，尽管他们或多或少地对影像艺术有点兴趣？

爱德华·温克尔曼：其实2002年那时候有另外一个叫"DIVA"的影像博览会，它一直举办到2008年。到2008年的时候，世界经济经历了严重的衰退，很多当时还在进行的项目也因此而告吹了。到了2010年，经济形势稍稍开始复苏了一点，当时我们留意到了两个问题。一个就是之前的博览会都停掉了，造成一个断层，需要有一个新的艺博会出现；第二个问题就是，我们发现我们可以在原有的模式上进行些许改善，让画廊在展会上以一种更好的、前所未有的方式去呈现他们的影像艺术。"动态影像"的一个显著进步在于，画廊主不用随时守在展会上。你不需要站在你的展位上看护，除非说你有摄影或者绘画或者别的什么作品，你才需要站在那儿。事实上，我们的一些参展画廊主压根就没在博览会上露过面，他们只是把作品发过来。这种模式给了他们很大的灵活性，激励他们在这种良好的语境下继续去推动影像的发展。这种模式的重要性也是由市场的变化决定的。越来越多的艺术交易在一种比以往更加良性的语境下进行，如果影像没有同等地呈现在这种语境中，那么影像艺术家就无法获得其他媒介所需的同等机会。2010年，我们去洛杉矶盖蒂博物馆看了一个非常重要的展览，叫作"加利福尼亚影像展"，那个展览激发了我们从不同层面去思考，怎样可以开始着手去做影像。我们当时就觉得影像展不一定非得要像之前的影像展那样复杂和昂贵。

胡　震：穆拉，您有什么需要补充吗？

穆拉·奥拉佐巴科夫：正如爱德华所说，DIVA艺博会与我们不同。我们到2010年才想要办一个属于我们自己的艺博会，直到2011年才决定大展拳脚。因为我们也自己经营画廊，所以我们想尝试不同的方法和模式。到其他博览会参展时，我们总要留意相关的费用，像参展费、货运费、旅费、设备花费等。爱德华也说过，英国伦敦的画廊到欧洲一些国家或美国去参展非常麻烦。你需要一个变压器才能用得上当地的电。换成美国要到欧洲一些国家或亚洲，情况也一样。所以我们包揽了所有这些麻烦事，这样对画廊主来说，事情就简单方便多了。他们不用为参展支付任何额外的花销或费用，甚至连影像作品都可以直接发给我们。虽然我们希望大家来到现场拓展他们的社交圈，但不来也没关系，像第二届纽约"动态影像艺博会"，大部分交易都是通过邮件来完成的。并没有多少人或画廊主亲自见到收藏者，因为每件作品旁都有画廊主的联系方式及艺术家和画廊的详细介绍。另一个重要的问题是，作为画廊主，我们参加过世界各地的展会，而一旦我们参展，我们得花很多时间在展会上，根本没有时间去看任何私人收藏品，或逛逛博物馆，或跟当地的客户或策展人见见面。所以我们希望给画廊主多一些选择，让他们不用守在展会上。他们只需过来待一会儿，比如在早上或在特别的时段，而其余的时间，他们可以去吃早餐、午餐、晚餐，可以去参观更大的艺博会，像洛杉矶艺博会、弗里兹艺博会，或 ADA 艺术展。愿意去哪儿就去哪儿。我跟爱德华在 2006 年还是 2007 年的时候到柏林去，我们没有参展，而是以参观者的身份去。可最后我们也做成了几笔交易，因为我们老跟收藏家们碰面，早餐的时候，午餐的时候，私人接待的时候，逛博物馆的时候，观赏收藏品的时候。而且我们会接上之前没谈完的话题，然后最终达成交易。所以我们发现，我们得让画廊主更灵活一点。

爱德华·温克尔曼：这也许并不适合所有的艺术种类，但是，像影像这种和时间有关的艺术，它的藏家需要独自一人待上一小段时间，来好好地品赏影像作品。画商最好不要紧紧地跟着他们。而"动态影像"持续被大家肯定，也正是因为它给了你自己的空间，你可以行走于其间，尽情欣赏作品，免受画商打扰。这也是很多人不会在弗雷兹艺博会、巴塞尔艺博会和其他一些地方展示这种媒介的原因，在那些地方，一切都在马不停蹄地进行。而在动态影像艺博会上，我们营造了一种氛围，能让观者放慢脚步，充分享受一段悠然的时光。

胡　震：那么，一家参展画廊的费用支出有多大？

爱德华·温克尔曼：我们制订了一个收费方案。一家画廊的单频影像作品展示，费用是三千美元，这比在军械库艺博会为了一个狭小的展位必须支付一万二千美元的收费便宜多了。不仅如此，三千美元的费用还涵盖了所有东西，包括所有的设备，以及相关服务人员的费用。如果展出的是装置、投影、雕塑或其他类似的作品，考虑到物流和空间的分配，收费会增加到五千五百美元。

穆拉·奥拉佐巴科夫：我们一直都会从往届参展的画廊主那里得到反馈，他们充分地肯定动态影像艺博会，不单只是因为他们对交易额感到满意。在之前的第二届纽约动态影像艺博会上，我们提高了交易额，还因为大家对这种充满灵活性的体验都很满意，不用大清早起床去参展，想什么时候来就什么时候来。

爱德华·温克尔曼：有意思的是，这种模式和常规的艺博会差别很大，画廊主越深入地参与其中，越能体会到这种灵活性带给他们的多样选择，并且也更能从中获益。我想其他的艺博会也可以想想怎样才能给画廊主提供一种类似的灵活性，因为从我们自身的经验看，这种模式确实是行之有效的。

胡　震：巴塞尔艺博会的联合总监安妮特·雪恩霍泽认为，不论是哪一个艺博会，评估其参展画廊成功与否的一个重要指标就是二次申请率。往届巴塞尔艺博会的参展画廊复申率最高达到 99.5%。我觉得这肯定和画廊的销售有关。能谈谈"动态影像"的销售情况吗？

爱德华·温克尔曼：不同类别之间会有差别。我们的情况也和巴塞尔艺博会差不多，就是要统计大部分参展画廊在展会开始之后六个月之内的交易额。比如去年在伦敦,我们的交易额达到了办展花费的十倍之多,所以我们的利润是非常可观的。而在纽约艺博会上,相当多的参展画廊可能带来一个影像作品参展,但他们会卖出五到七个甚至九个出自同一个艺术家的影像作品,所以这里面的利润空间很大。根据一些画廊的反馈,他们在展会结束的三到四个月之后才会结束交易,我们不断地听说这种交易情况,完全得益于作品在"动态影像"上的展示,所以这些画廊会一次次地回来参展。

胡　震：您的意思是,去年的参展画廊在今年的二次申请率很高,是吗?

穆拉·奥拉佐巴科夫：我想这里还有个不同的地方,我们是没有申请这一说的。参加我们展会的画廊都是应邀而来的。每届艺博会我们都设有五人组成的策展顾问委员会,他们来自不同的地域,非常国际化,有美国的,有欧洲的,有亚洲的,还有南美洲的,由他们提出哪些艺术家的作品是他们想在展会上看到的,也由他们邀请那些艺术家和相关的画廊来加入我们的艺博会。

爱德华·温克尔曼：由于每次策展顾问委员会都不同,因此每次邀请的画廊和艺术家也不一样。而且不是每个接到邀请的画廊都会参展,这就让情况变得有点复杂。这就是每次动态影像艺博会上参展画廊名单变化很大的原因之一。因为我们有全新的委员会成员会向全新的艺术家发出邀约。事实上,我们还没有坐下来好好了解这个有趣的数据变化。

胡　震：今年的伦敦动态影像艺博会的参展画廊有几家?

爱德华·温克尔曼：目前是二十八家,我想这几乎是我们的上限了,二十八到三十家画廊左右。因为有些画廊会展出两位艺术家的作品,所以三十到三十六份个人作品是我们的上限。空间是一个问题,再有就是看完那么多视频所需要的时间问题。所以我们很难想象一个更大的数目,因为如果我们有八十件视频那么多,我们是没办法办下去的,图像会让你觉得很累。所以我们觉得还是设在三十家左右最合适。

胡　震：到目前为止,有哪家画廊或哪个艺术家是因为参加动态影像艺博会而一举成名的吗?

爱德华·温克尔曼：杰西·弗莱明。对,他就是最好不过的例子了。杰西是位很年轻的艺术家,他参加了纽约"动态影像"展,并且在艺博会上获奖了,他的参展影像作品,五个版本均销售一空,惠特尼博物馆收藏了其中一版。杰西很年轻,参展之前从未有过太多的宣传曝光,但就是在那三天之内,每个人都在谈论他的获奖作品。所以他是一个很好的例子,很好地说明了年轻艺术家因为参展而一夜之间改变命运的经历。据我所知,我们展出的大部分旧作也有不俗的表现,因为展会的关系,人们再次重温这些作品,艺术家们也得到了更多的美术馆展览机会。无论如何,这一切都和艺术品自身有关。20世纪六七十年代出现了很多非常重要的实验作品,但当时的影像市场无人问津。而那个时期的很多作品现在又得到了重要美术馆的青睐,他们也意识到他们的收藏有漏洞。在"动态影像"展上,很多画廊都在有意识地将那个时期的作品拿出来,展示给那些策展人和美术馆。所以现在这些作品销售得很好。不是说这些艺术家没有人知道,只是这些作品被人们遗忘了。通过在"动态影像"展上展出，现在它们被各大美术馆收藏了。

胡　震：遗憾的是，在中国，愿意收藏影像艺术的个人藏家和机构总的来说不多，而且我听说美国的情况也好不了多少。这是什么原因呢？

爱德华·温克尔曼：美国的情况的确和中国差不多，影像作品不容易出售是因为人们多少对这种媒介有些担心。但是，如果我们回顾历史就会发现，影像重走了摄影的老路。三十年前，当时人们也不敢买摄影作品，与摄影有关的当代艺术作品曾一度处境艰难。今天，著名的摄影艺术家的作品可以卖数百万美元，这在三十年前，对摄影——当代摄影来说，简直是无法想象的。拍卖纪录是反映影像艺术市场走向的一个风向标。影像艺术作品目前最高的拍卖价是七十五万美元，以后有望突破百万美元纪录。艺术家白南准、马修·巴尼、比尔·维奥拉的作品在拍卖会上售价一直都超过五十万美元。所以这个市场慢慢做起来了，但仍然面临很多挑战，因为人们有时难以和科技和谐共处，这也是诸多变量中的一个。越来越多的影像收藏家会在他们自己家里竖一个显示屏和一个投影仪，然后把他们的影像收藏当作一个图书馆，所以他们不用为每一部作品都立一个屏幕，只要有一个屏幕就可以放映一整套收藏。这种方式会被越来越多的藏家在家里采用，而且我觉得欣然采纳这种方式的藏家越多，那么购买影像艺术品这种行为也会变得更容易让人接受。事实上，我有预感，收藏家们也会像许多博物馆一样意识到，影像是非常重要的媒介。如果你的收藏想要反映出我们时代的重点，你就必须把影像艺术纳入其中，否则我们的收藏就会有很大的缺憾。选择这种媒介的重要艺术家太多了，你不接受都不行。

胡　震：在中国，我们通常认为影像艺术应该包括录像和摄影，而动态影像的界定似乎有所不同。您能就此谈谈您的看法吗？

爱德华·温克尔曼：跟我们合作的很多影像艺术家都准备了摄影图片，有些从影像中截取，有些则是对影像的延伸。我们考虑过将一些照片纳入展览中，可这就带来一个物流难题。而且，照片需要灯光。我的意思是，我们为看影像准备的一切黑暗空间让步，好让我们也有光线看照片。所以我们决定，"动态影像"暂时还是只展出有录像或电影元素的作品，也就是只展出属于动态影像的东西。展名也是反复斟酌后才确定的。

穆拉·奥拉佐巴科夫：影像截图和摄影作品的展示无疑会增加画廊的开销，它们得托运、装框、悬挂，这些都要增加费用和开支预算。所以在目前来说我们还没有展出照片的打算，虽然许多艺术家都有在出售他们影像作品或摄影作品。

爱德华·温克尔曼：比起影像来，摄影当然是成熟得多的媒介，购买和喜欢的收藏家也更多。而且，艺术家也都很聪明，拍了影像后，还懂得卖照片。不过我想，我们的影像展将来也会把照片整合进来，到那时，情况会大不一样。我想这很有可能。就这个问题我们其实讨论过很多。可目前来说，我们的重中之重还是要保持这种体验的精细和可控。

胡　震：爱德华·温克尔曼画廊和动态影像艺博会之间是一种什么样的隶属关系？

爱德华·温克尔曼：穆拉和我共同拥有画廊。我们也一起创立了"动态影像"艺博会，所以两者的关系跟许多其他的艺博会很类似。独立艺博会就是由两个画廊开创的，一个来自伦敦，一个来自美国。军械库艺博会则是四个画廊在全盛时期合作的产物。所以由画廊来创立艺博会是有很长的历史的。除此之外，我们要办这个展会，也有作为画廊主的考虑。"动态影像"展的一切都是我们从画廊经营的角度深思熟虑后的结果：我们想要什么，需要什么，才能在艺博会的环境里展示影像？所以您问到关系，我们不如这么想：我们创办这个展会来为画廊服务，也借此鼓励他们将影像作品带到艺博会上展示。

胡　震：艺术圈和社会大众的反应如何？

穆拉·奥拉佐巴科夫：去年我们在纽约第一次推出"动态影像"展的时候，大家对我们如何展示作品感到很震惊，尤其是对那些他们过去从未见过的东西。从一件作品到另一件作品，转换得流畅简洁，且因为没有标准的白墙围隔，参观者可以轻松观赏每一件作品。我听到的全是正面的反馈意见。

爱德华·温克尔曼：我也是，我们没听到任何批评的声音。我记得反响普遍非常好。我还期待一两个评论来指出我们的不足，可一直没发现。我读过很多评价，还有媒体关于各种艺博会的评论。媒体批评艺博会从来都不会手下留情，如果他们觉得某个展会很糟糕，他们就会说出来。但还没有人负面评价过"动态影像"展。我也能够想象，我们办展的次数越多，媒体就会对我们越挑剔和严苛，这也很正常。但同时，每一次我们都在很努力地提升改进。希望媒体变得更加挑剔的时候，我们的品质也在越变越好。不过，我觉得，我们的问题不在质量上。我们这个艺博会更注重一种总体的体验。我们也尝试加入更多的活动，比如专题讨论会，还有些别的东西，这个在起步阶段会有些困难，因为我们把精力都集中到影像作品的展示上去了。但我们每办一次展，它的内容就会变得更加丰富，组织也更加有力，我觉得这种总体的体验有助于教育，同时也会影响媒体看待展会质量的视角。

胡　震：如何避免"动态影像"在未来走下坡路的诸多可能？

爱德华·温克尔曼：这个问题很好。大多数艺博会的命运正如您所说，它们有的发展成这样了，有的发展成那样了，也有很多没落了。有这么几个原因吧：第一，博览会面临竞争，军械库艺博会的例子就很好地说明了这一点。现在，军械库艺博会在纽约有弗雷兹艺博会、独立艺博会和它竞争。我们和军械库艺博会的人很熟，他们坦言，现在收到的批评意见比以往多，因为很多原来去他们那儿参展的画廊现在去弗雷兹艺博会或独立艺博会了。所以，竞争使得军械库艺博会的形势变得严峻起来。我觉得未来将会产生另一个致力于影像的展会，那个时候要真的到来了，将会为我们带来很多严峻的考验。很有可能我们的客户会被抢走，我们的画廊也会流失，这样就会影响到我们的总体质量。但我们还是期待这一天的到来。我们能做些什么呢？我想，遇到这种情况，任何人都会继续尽自己的最大努力去提升展览质量，确保人们有机会去评价怎样才能做得更好。你听取他们的意见，然后去实践改进，这和世界上所有的生意一样。你要找到你最大的闪光点，然后把它做到极致，这样你才能去竞争。的确，第一次差评会让我们很受挫，这是肯定的，它绝对会刺痛我们，但差评绝对是会有的，世事往往如此。

黛博拉·门罗：团结就是力量

由洛杉矶盖蒂信托旗下的盖蒂基金和盖蒂研究所发起并赞助的艺术项目"太平洋标准时间：洛杉矶的艺术（1945—1980）"于 2012 年 3 月 31 日落下帷幕。十年的准备，三千六百五十个日日夜夜的工作，一千二百万美元的总投入，洛杉矶乃至整个南加州地区六十多家美术馆、博物馆和其他各种非营利艺术机构的协同合作，该项目最终产出的二十多个大型展览，以"太平洋标准时间：洛杉矶的艺术（1945—1980）"为名，经过半年的对公众展示开放，获得了巨大的成功。展览的影响遍及世界。据相关媒体报道，盖蒂基金一千二百万美元的赞助为洛杉矶地区带来了十倍于原投入的产出。除了经济上的直接回报，盖蒂，作为一家机构，在重塑洛杉矶当代艺术形象、打造新的区域性国际文化和艺术中心方面功不可没。十年一剑，从盖蒂脚踏实地的低调运作中，我们深切体会到文化创意事业的建设工作任重道远；"太平洋标准时间：洛杉矶的艺术（1945—1980）"在运作上的成功，再一次体现了机构，包括机构之间的合作所能产生的巨大影响和创造能量。为此，我们特别采访了美国盖蒂基金的总监黛博拉·门罗博士。

胡　震：我们从"太平洋标准时间：洛杉矶的艺术（1945—1980）"系列展览开始吧，听说这是由盖蒂基金和加州南部的许多艺术机构一同发起的。

黛博拉·门罗：没错。不过这么大的一个项目，三言两语是说不清的。也许我可以先介绍一下盖蒂是个什么样的组织。

胡　震：好。

黛博拉·门罗：我想人们并不了解盖蒂在法律上是一个大机构，叫吉·保罗·盖蒂信托基金，那是个伞状组织，是我们的母公司。吉·保罗·盖蒂信托基金有四个子机构：盖蒂美术馆；盖蒂研究所，其中包含一个庞大的艺术史图书馆和里面的特藏；盖蒂文物保护中心，这其实跟中国也有合作；最后就是盖蒂基金，我们的项目赞助基金。这就是盖蒂的全貌。

所以盖蒂四个部分中，盖蒂基金和盖蒂研究所两者展开了一项合作，最终成就了现在的"太平洋标准时间：洛杉矶的艺术（1945—1980）"。可一开始我们并没想过会这样，我们只是努力还原那一段历史，抢救跟洛杉矶战后数十年间的艺术有关的历史文献。至于基金会和赞助项目，有两个人来找过我们，一位是艺术家爱德华·金霍尔茨的前妻林·金霍尔茨，另一位是艺术家兼美术馆总监亨利·霍普金斯。他们发现了一个很严重的问题——洛杉矶正在抢救其艺术记录，因为文献档案散布各地，艺术家又纷纷离世，盖蒂必须做些什么。我想，他们也知道盖蒂会有所动作，可他们还是必须说出来。事实上，我们和基金会也都觉得这是一个很有趣很重要的问题。

几乎同一时间，我们在盖蒂研究所的同事也对这个时期的艺术产生了浓厚的兴趣，并决定建立馆藏，搜集有关该时期艺术的论述文献和照片资料，涵盖每一个阶段，使盖蒂研究所完全地成为研究洛杉矶艺术的中心，相对于其他的许多研究对象。不过，在基金会这边，我们认为第一步要做的是定下一个赞助计划，我们当时确实只是想着如何抢救或保护历史记录，仅此而已。

所以，我们做的第一件事，就是委托好几个服务机构去找出各种公家和私人收藏的文献。然后，我们开始资助当地的非营利组织去整理他们的文献，并保存起来，让学者和大众都有机会读到。这就是我们努力做的事，一如以往，一贯如此。盖蒂基金往往为了公益项目的利益而在幕后默默耕耘，像设置奖学金，像文物保护，所有这些鲜为人知的努力。

然而，在整理档案的几年时间里，来研读档案的学者们不断告诉我们，文献里充满了令人惊喜的故事，于是我们就想到了要和大众分享。如果让这些故事继续沉默，只为少数人或学术界服务，那就太浪费了。我们必须把这一切告诉世界。所以我们跟策划伙伴坐下来，其中有 LACMA（Los Angeles County Museum，洛杉矶县立美术馆）、MoCA 和汉莫美术馆，洛杉矶的三大馆。我们初步设想了属于我们自己的展览，当时我们估计会有十二至十五个展览。也就是，我们为展览的策划和研究拨出经费，而后来的反响实在太好，我们就给出了比预期多得多的资助。所以，我们先给研究拨款，当研究告一段落，他们就来跟我们商量将研究做成展览，所以我们又给展览拨款。

然后，突然间，许多人跑来跟我们说，就算不给赞助，他们也想成为其中一分子，连许多商业画廊也跑来跟我们说想成为其中一分子。就这样，我们越做越大，然后取了新的名字——"太平洋标准时间：1945—1980 年洛杉矶艺术展"。随后我们在拨款给美术馆去做他们的展览时，又开始觉得，我们并不想让这些展览这样散布着，我们想将这些展览——多达六十八个的展览——合而为一。于是美术馆都联合起来，搞项目，筹措资金，组织策展委员会。大家携手合作，一起推销，一起宣传。这是我们未曾有过的经历。其中许多美术馆在单干时也未曾考虑过这样肯定能为世界所知。所以展览收获众人的目光，这也是他们应得的。而且我们说干就干，我们筹集资金，我们请了许多公关公司来帮忙，然后我们将其推出，手里还捏着一把汗，因为辛苦了十年，终于要迎来所有的人了。他们会不会真的喜欢这场盛事呢？他们会的，他们来了，而且非常喜欢，他们还从中有所收获，真是太棒了。

不知道您有没有看过这个，这是我们派发的展览指南（也许您看一眼就能想起来），展览目录是其中的一部分。我想，里面最为神奇的是，有这么多五花八门的艺术类型，迥异的各种艺术类型，还有各种艺术家群体。而且每个展我都去了。当你把它们全都看完，你会发现不同的展览间存在一种对话。譬如说，你在一个美术馆会看到某个艺术家的版画，然后在另一个美术馆你看到了这个艺术家的油画或雕塑，而再换一个美术馆，你会了解他教书的大学是什么样的艺术氛围，最后你还能在别的展览中碰上同一个艺术家，也许因为他的作品是"光与空间运动"的一页，又或许是"艺术与学院运动"的一部分。所以，不断地跟这些展览一个又一个地交流，我觉得很兴奋。我想，到了最后，我能获知一个美国现代艺术史中额外或别样的故事。它并不比其他的故事更好，可比起人们普遍知道的故事，它就是与众不同。你们都知道纽约艺术的故事，像抽象表现主义和波普艺术这些东西。但对于南加州来说，也有很多重要的艺术运动，也同样衍生和影响了别处的艺术。而且，它们截然不同。

所以，简单地说，这就是我们所理解的"太平洋标准时间展"。其中，有数百名学者奔走于各展览之间，有数百名来自加州或别处的策展人在加州海岸线上忙上忙下，主要是在洛杉矶，可最北也去到圣巴巴拉，最南去到圣地亚哥，或沙漠上的棕榈泉市。那么一路上每个地方都有艺术节，所以同一区域的众多美术馆会有一个特殊的周末，来此参观的人们可以乘坐巴士前往一个又一个的展览。但你的朋友 Samuel Hoi 那边，他们是在奥蒂斯艺术设计学院里办的展览，那是一个关于洛杉矶 20 世纪 70 年代女性主义艺术的纪实性展览，讲述一个非常重要的故事，可惜知名度不高，在国内外也确实名不见经传。考虑到那些会错过观展的人，我们还为所有这些展览设计了四十份学术目录。这些目录是对所办展览一个永恒的学术记录，并将指引学者们为将来写下不一样的故事。

胡　震：几天前，我们被带到一个学徒艺术家山姆·马卢夫的展览。我觉得那是一个很棒的展览，作品讲述的故事也很美。

黛博拉·门罗：确实很棒。山姆·马卢夫在亨廷顿有一个展览，我也去了马卢夫基金，即 Rantual Coker Marker。而且，您在亨廷顿展览上见到的艺术家，他们也有作品在别的地方展出。

胡　震：为策划这一系列展览，你们花了超过十年的时间，且涉及这么多艺术家，这真让人觉得不可思议。您能不能详细说一下你们获得的反响？在加州展出的这 6 个月，各界对你们机构还有"太平洋标准时间展"是如何评价的，褒贬各有哪些？

黛博拉·门罗：事实上，展览正式的开始时间是 2011 年首个周末，然后在 2012 年 3 月 31 日正式闭幕。不过，您说得也没错。有些展览抢先开办，而有些却推迟了，所以，您去看某些展览的时候，会发现实际时间延长了。可我们正式称作"太平洋标准时间首展"的时间是从 10 月到第二年 4 月初，所以是 6 个月。

反响似乎都是一面倒的肯定，不晓得是不是棒极了……您也知道，举办完这些精彩的展览后，我们会收到各种层面的评价。对我们来说最重要的也许是在这期间我们终于开始讲述洛杉矶艺术的故事了，而且还确保故事会留在学术目录和档案文献里，并从展览本身流传到后世。我们也希望人们能了解洛杉矶作为一个文化中心的重要性。我想，我们确实获得了很多好评。就在昨天，我们收到一封来自艺术通讯部的电邮，他们说收录不了那么多跟美联社口径一致的小文章，所以只收录了那些言之有物的真实故事，那也有一千三百篇。他们找到这些，我觉得可能还其他东西他们未曾留意到。

所以，这是媒体方面的反响。其他方面我们了解到——我们开始翻阅我们收到的赞助报告，有一些是个人美术馆对他们游客的研究，也有一些是我们自己做的研究。我们还没有所有的数据，我们希望到秋天可以好好分析一下所有发布的结果。不过，就目前的报告来说，已经很清楚，观展满意度是非常高的。去看展览的人非常满意策展的质量和他们收获到的东西。而且，在某个美术馆中的流连，也引起他们到更多美术馆去看看的兴趣。所以这是很好的现象。我觉得，要知道观展人数这种数据非常困难，因为这些美术馆大多没有做过这方面的统计，所以这是他们第一次做，统计方法也五花八门。不过，即便这样，各美术馆在观展问题上还是有很好的结局，到来的人数确实有所增加。不过，更为重要的是，他们的名声也打响了。所以，现在，由于《纽约时报》或其他国内外报纸对他们的报道，这些美术馆都更大受欢迎，想跟他们合作的人也更多了。一些展览去巡回时，许多艺术家也感到自己为更多人所知了。所以，我觉得我们有很多不错的收获。

张颂仁：香港艺术—内地艺术论述的补充

如今拥有多重身份的张颂仁，在多种场合里，不仅要充当艺术商人，更要以一个策展人或学者的身份出现。这样类似一个艺术掮客的身份，居然被广泛认可，这在国内绝无其二。甚至在中国当代艺术的历程上，张颂仁也是一个抹不去的名字——他曾经挖掘出的艺术家，如今个个声名显赫，他也曾经一手推动了中国当代艺术最初在国际的影响力。然而，在西方语境中成长，也是中国先锋艺术坚定支持者的他，对西方世界和西方标准却始终是不屑的。在他的眼中，并非只有加入西方艺术形态的阵营才属于现代艺术。为此，他推动了对东方古国的研究项目，为的正是回过头去发现问题的所在，而这也是张颂仁所理解的"当代"所必须完成的任务。

在现实生活中，张颂仁喜欢身着黑布长衫，配上瘦削的脸庞和黑框眼镜，全身散发着一股仙风道骨的味道。然而，以古朴的装束在时髦的都会之间穿梭，却是他事业最好的写照。

胡　震： 最近这几年，大家对香港的艺术生态充满了美好的想象。我想请您就去年12月在萨奇画廊展出的"香港眼：香港当代艺术展"谈谈您对整个展览的构想。

张颂仁： 以展览画册为例，作为展览的组织者之一，我原来的设想是做一本关于香港艺术现状的书。一般而言，写艺术史都是从艺术生产开始的，可是我们从当代艺术的角度重新去了解艺术的时候，发现应该把艺术平台本身作为一个改变文化感知和对世界的感官认知的场所，而这当中结合了文化、政治、历史以及对整个时代的掌握。

另外，这个展览的艺术家们也呈现了不同的脉络和进入当代的方法。就画册架构而言，我希望它和过往对香港艺术史脉络的书写不一样，于是邀请了四个艺术圈专人来撰写文章，希望他们把香港跟内地的艺术形态和历史进行对比。我认为香港艺术和内地最不同之处，主要在于美术论述上的差异，可是这两个不同也是息息相关的。为了在不同之处能找到一种前瞻性的可能，我认为内地美术现有的论述里所缺的，香港却恰能成为补充，甚至可以成为修改内地艺术论述的重要切入点。为此，在本书的后半部，我还挑选了十个代表不同方向的香港艺术家，他们的路向或出场时段与内地美术论述的不同步，恰恰能体现这种思考。

胡　震： 从某些人的角度来看，香港是所谓的"文化沙漠"。如果以传统文化艺术作为参照的话，某些人的说法还是有道理的，香港因为过多地受到西方的影响，并没有一直延续几千年的传统文化。但是，如果从现当代的艺术上来讲，状况则可能会相反。您是如何看待这个问题的？

张颂仁： 我的理解恰恰相反。如果假设必须加入西方艺术形态的阵营才属于现代艺术，我认为这是一个误区。世界上没有任何一个国家比中国更"现代"，因为没有一个国家像中国这样，为了实现从物质到精神的"现代化"而彻底改变和消除传统。我所选择的这十个艺术家不甘于进入西方式的现代世界——这恰恰是我们现代游走于西方标准里的艺术家所没有的特质。因此他们代表的世界是数代人很宝贵的参照，这参照是我们不应忘记的，不然我们会在艺术上彻底被西方殖民，还为挤进了西方式的文明而沾沾自喜。

我做的"西天中土"印度—中国交流项目与这个题目有关。印度的整个现代化历程就在于应付殖民主义，所以印度不断拿自己的历史来质疑西方的现代方案，证明"现代"不全然是普世真理，并证明现代性其实是殖民主义里的重要环节。另外，像我刚才所说的，我以选择十个艺术家来陈述香港有可能找到一些艺术的呈现，是可以冲击内地美术史大论述的。例如说陈福善，他与林风眠、徐悲鸿几乎是同时代的人，可是他的作品比二者的当代感更强烈，他的艺术放在我们的年代可能比较好理解。但陈福善不是边缘怪杰，他当时在香港一直是代表性的艺术家，但很难将他摆进内地目前的主论述里。内地现有的现代艺术论述基本上把所有非现代的世界观排除在外。譬如陈伯陶，他代表的是正统的儒家传统文化，但是这种有遗民心态的人在中国是没有文化位置的，在民国以来都没有恰当的空间给这种人留下声音，但是这类"遗民"在清朝灭亡后有一部分迁来了香港。香港正好给那些不同于现代国家论述的文化提供了空间。所以，我们要做的事情是从当代的角度回顾和整理这一百多年的历史，对"非现代"的了解作为我们重新发现问题的重要枢纽，于是我们需要把香港和台湾的美术史纳进来。

胡　震：您是公认的非常重要的中国当代艺术的推手之一，在这个展览里，您和萨奇的合作是不是也想把香港的艺术家介绍给世界？或者和20世纪90年代您做的把中国艺术家推向世界的展览相比，有什么不同的想法？

张颂仁：我在90年代做的介绍中国"新艺术"的展览，是想通过一个展览来发现90年代的新精神。90年代是一个很重要的时代转折点，中国在信息上打开国门，中国艺术家走向世界。我希望把中国艺术家推到国际平台上去，这是80年代我一直在尝试的工作，主要缘于想了结中国在世界边缘的一种心态。中国艺术家这种情结只能在所谓的艺术核心平台上跟核心艺术平起平坐才能解决。参加那个展览的一拨人成了中国第一批面向西方的艺术家，所以他们第一步就走进了西方最核心的艺术平台，因为这样，他们的成功差不多从一开始就注定了。至于市场对他们的认定，倒是比较下游的反应。可是，把这个对世界核心平台的幻想消解以后，怎么样再去创作才是重要的事情。

而在这次展览中，在图书里推出那十个不参展的"艺术家"就是我的目的（有两个根本不算是我们现在意义上的艺术家，陈伯陶是宣统皇帝的老师，是头等的大官）。我希望从香港艺术家的论述来反思内地的美术论述，而不是为了推出某些人。做香港的展览并不只针对香港，而是对整体中国艺术史的一个反省。香港如果对中国艺术创作有贡献的话，就是提供了多个不同的历史线索。

胡　震：如果说您所选择艺术家对内地的美术史有冲击的话，那么您认为参展的年轻香港艺术家有没有起到这种作用呢？

张颂仁：大概二十年前，我认为在华人世界里，只有香港才有真正的地下艺术的呈现。所谓的"地下艺术",它和主流意识形态不一定非要对抗,但是存在质疑和对立。当时的香港地下艺术质疑的是中产阶级的生活方式,也有对殖民文化和以资本主义统治的生活形态的抗拒。为什么说"地下"呢?主要是因为他们的边缘化。主流艺术馆不重视他们,他们没有市场,没有能力去营造一个像样的艺术空间,他们都是离散的个体,无法形成艺术圈。更糟糕的是,所有其他华人地区的地下艺术家都是有身份、有面子的,他们的生活形态或文化立场会被中产阶级仰慕,但在香港,他们连这种满足感都没有。香港只会把艺术家看成失败者。到了90年代,对香港身份的探讨成为主流的文化诉求,艺术圈开始受到重视,这时可能在市场上比较边缘,但至少有了一种文化身份。直到最近这十几年,才开始有比较大的转变。我认为,在任何地方,艺术之所以能成型,必须有一个艺术圈,一定要在一个物理空间中交流,至少要有一个论述的平台。这艺术圈或平台往往就在艺术学院、展览区域周围出现,而香港就一直缺少这种场合。

　　从整体来说,香港艺术家的趣味感、角度、手法都跟内地艺术家不太一样,并且,从80年代延续下来的边缘的创作心态和方法成了香港艺术家的特征。尤其是在香港房地产的压迫之下的效应,大家都倾向于做体量小的、面对城市生活的作品。香港这地方整体而言,大家对意识形态的反应其实不大,所以在艺术圈标榜意识形态也不是通行的创作手法。香港艺术家转而从日常体验里找出各种面对社会压力和潜伏了意识形态的现象来思考他们的作品,比较含蓄,这和内地艺术偏好奇观式的作品并不一样。